我国行政法基本问题研究

RESEARCH ON FUNDAMENTAL ISSUES
OF ADMINISTRATIVE LAW OF CHINA

闪涛 / 著

汕頭大學出版社

图书在版编目（CIP）数据

我国行政法基本问题研究 / 闪涛著． -- 汕头：汕
头大学出版社，2020.1
ISBN 978-7-5658-4028-9

Ⅰ．①我… Ⅱ．①闪… Ⅲ．①行政法－研究－中国
Ⅳ．① D922.104

中国版本图书馆 CIP 数据核字（2020）第 024471 号

我国行政法基本问题研究
WOGUO XINGZHENGFA JIBEN WENTI YANJIU

著　　者：闪　涛
责任编辑：邹　峰
责任技编：黄东生
封面设计：黑眼圈工作室
出版发行：汕头大学出版社
　　　　　广东省汕头市大学路 243 号汕头大学校园内　邮政编码：515063
电　　话：0754-82904613
印　　刷：天津雅泽印刷有限公司
开　　本：710mm×1000mm　1/16
印　　张：11
字　　数：180 千字
版　　次：2020 年 1 月第 1 版
印　　次：2020 年 4 月第 1 次印刷
定　　价：45.00 元
ISBN 978-7-5658-4028-9

前　言

　　法治是推动经济社会发展的有效治理方式，也是中国共产党治国理政的基本方式。党的十九届四中全会提出坚持和完善中国特色社会主义法治体系，提高党依法治国、依法执政能力的明确要求。这为进一步推进全面依法治国、建设法治中国，在法治轨道上坚持和完善中国特色社会主义制度、推进国家治理体系和治理能力现代化指明了方向和路径。行政法作为依法治国、依法执政的基本法律部门，其所承担的重要使命不言而喻。

　　基于这一重大时代背景，笔者认为梳理我国行政法所涉及的基本问题既是"不忘初心"，也是改革再出发的起点。鉴于此，笔者尝试对行政法所涉及的基本理论、基本制度及热点问题进行寻根溯源式的梳理，以便广大的行政法学习爱好者能够在进入这一部门法领域时，不至于"盲人摸象"与"一叶障目"，了解相关理论的源流与进展，从而为进一步的研究与学习奠定基础。

　　鉴于篇幅所限，笔者主要从基本理论问题、法制建设问题以及热点问题三个方面由面及点的方式来呈现行政法在不同角度的研究情况。在基本理论问题方面，笔者主要选取了行政法基本原则、行政行为理论以及行政法律关系理论三个重要的基本理论问题进行研究与梳理。这三方面的问题相当于是行政法学的"总论"部分，对于行政法研究来说，具有提纲挈领的重要作用，这也是经典的法学研究的基本范式，即基本原则理论、行为理论以及法律关系理论，基本原则理论起着导向性作用，行为理论是核心，法律关系理论是基础。

其次，当对基本理论问题有了一定了解之后，角度转向实在法领域，尤其是行政复议制度、行政诉讼制度以及行政许可制度。前两项属于程序法方面的制度，后一项属于典型的行政行为制度，相当于硬币的两面，一面涉及的是纠纷与诉讼行为，考察行政主体与行政相对人在纠纷与诉讼中的关系，另一面是从非诉讼的角度，考察行政主体与行政相对人在管制与被管制中的法律关系。

第三个方面转向行政听证、行政指导、行政公开这三个热点问题，也可以说是行政法的前沿问题的研究，也集中体现了我国行政机关依法行政的发展与进步。行政听证制度实际上是对行政机关在作出相关行政行为之前，广泛听取利益相关方意见的程序，本质上是民主行政的一种体现。行政指导是一种柔性化的行政监管措施，更多地强调在特定领域受到行政监管的行政相对人如何适应监管环境以及监管要求，本质上是服务行政的一种体现。行政公开则是对现代政府所应具备的透明化及信息化方面的要求，更能体现我国在治理体系及治理能力现代化方向上的发展。

全书三个篇章，每个篇章选取三个重要问题进行研究与分析，从而能够使读者对行政法领域的重要基本理论问题、基本制度问题以及前沿问题获得整体上的把握。

闪　涛

2019 年 11 月于羊城

目　录

第一章　行政法基本理论问题研究

第一章
行政法基本理论问题研究

第一节　行政法基本原则问题研究

一、行政法基本原则述评

　　行政法基本原则是行政法学的基本理论问题之一，在行政法研究领域一直受到国内外学者的关注。20 世纪 80 年代初，行政法学研究在我国刚刚起步时，作为行政法领域最基本的问题之一，关于行政法基本原则的争论与研究就一直没有停止过，众多学者专家对这一基本问题展开了广泛而深入的研究。

　　虽然学者们对行政法基本原则的表述各自都不尽相同，但对各种观点的分析探究也是各有见解。应当如何看待学界已有的研究成果成为本章节首先要探讨的话题。我们将重点围绕行政法基本原则的通说以及超越现行通说的若干学术见解加以分析。笔者尝试通过这种系统的梳理使读者对已有研究有较为全面且客观的认知，从而为读者明确重构行政法基本原则应当努力的基本方向提出一些基本看法。

（一）行政法通说的演变

在我国行政法学研究的初期，学界大多专家学者是将宪法的基本原则或行政管理的基本原则直接视为行政法的基本原则。从 20 世纪 80 年代末期开始，行政法学界的学者不再满足套用其他学科的基本原则解释行政法学科的状况，并逐渐形成了一种共识，即行政法作为一个独立的部门法，应当有其自身特有的基本原则和基本体系。

基于学界的这一共识，我国行政法领域学者们对行政法基本原则展开了新一轮研究。自 1998 年开始，我国学者对行政法基本原则问题展开新一轮的讨论，先前学界以行政合法性原则和行政合理性原则为核心的通说逐渐被打破，各种新观点纷纷涌现，逐步形成了行政法基本原则的表述呈现出多元并存的局面。总体来说，学界对该问题的研究主要有三个方面：一是对通说提出批评和质疑意见；[1] 二是直接对行政法的基本原则进行重新概括；三是以专题、专著、论文等形式，对行政法的每个具体原则进行深入论述。从研究成果来看，学界主要是对四项新原则作了充分论证：①比例原则；[2] ②信赖保护原则；[3] ③诚信原则；④可接受性原则。

（二）对理论纷争的反思

综观学界已有的有关行政法基本原则的诸项研究成果和基本论证，可以发现在行政法基本原则研究的大讨论中，我们看到了值得认真思考探索的问

---

[1] 参见姬亚平：《行政合法性、合理性原则质疑》，载《行政法学研究》1998 年第 3 期。

[2] 张坤世：《比例原则及其在行政诉讼中的适用》，载《行政法学研究》2002 年第 2 期；湛中乐：《行政法上的比例原则及其司法适用》，载《行政法学研究》2003 年第 1 期。

[3] 李春燕：《行政信赖保护原则研究》，载《行政法学研究》2001 年第 3 期；黄学贤：《行政法中的信赖保护原则》，载《法学》2002 年第 5 期。

题：确立基本原则的出发点问题、基本原则与基本理念问题、具体原则的区别与界限界定问题等，下面笔者将从以下几个方面进行进一步剖析。

1. 通说缺陷简要分析

首先，原则的内涵较空泛，缺乏应有的适用性和可操作性。比如，行政合理性原则，通说将其解释为"行政决定内容要客观、适度、符合理性"。然而，所谓的"理性"的概念，依然是主观分析判断。再者，我国并不是实行判例制的国家，因而这种不具有可操作性的原则很难在实践中得到运用。基于此，笔者认为，行政法的基本原则是在行政法理念的支持下所建构起来的。如果将本属于理念的行政法治充当为行政法的基本原则，则会混淆不同层次的概念，且容易造成原则内涵的空洞，致使原则因缺乏可操作性而难以在实践中发挥应有的作用。

其次，原则的确立标准过于简单，难以覆盖行政法的所有领域。综观学者们对行政合法性和行政合理性原则的阐述，无论是"依据法律、符合法律、不得与法律相抵触"，还是"客观、公正、符合理性"，其立论的出发点都是行政权力的运用。行政合法性原则和行政合理性原则实际上只是行政主体在实施行政行为时所应当遵循的基本准则，它无法在广义的行政法领域中得到贯彻，因而称为行政法的"基本"原则还有待商榷。

再次，行政法的价值追求和发展趋势不能被原则完整地反映出来。笔者认为，行政法的基本原则是行政法理念的载体和再体现。因此，行政法基本原则的确立首先就必须充分考虑到行政法自身的价值目标。笔者意识到，通说在一定程度上反映出了行政法的部分价值，比如通说提及的遏制行政权力、保障公民权利等。但是，当我们考虑到政府的积极性因素和消极性因素后，我们更期待的是作为一个具有能动性的政府。亦即是说，政府不仅需要严格遵守法律，在法律所规定的范围内实施行政活动，进而避免侵害行政相对人的合法权益，而且还必须认真履行职责，最大限度地维护社会公共秩序、关注行政相对人的利益保护等。总而言之，作为行政法价值理念的载体的行政法的基本原则也必须全面反映出这些价值要素。

2. 行政法新探究的评价

基于上述对行政合法和行政合理原则不足的分析与认识，行政法学界学者在过去一段时间对这一问题进行了进一步的探究，越来越多的学者正在对行政法基本原则体系进行重新概括。学者们一致认为行政法基本原则必须有相对统一的确立标准。本着深入探究的精神，笔者尝试从以下两方面展开讨论。

首先，在探讨行政法的基本原则之前，我们必须对这些不同层次的概念进行严格区分。否则，讨论的结果必然是千差万别。其次，各项原则之间是否处于同一层次、是否存在内涵的重叠，这又是一个不可回避的问题。笔者认为，作为一个完整的行政法基本原则体系，其各个组成部分之间应当保持相对的独立性，既不能互相包容，也不能层次不清。有的学者将信赖保护原则与比例原则及依法行政共同视为行政法的基本原则。其实，信赖保护原则一般只适用于对授益性行政行为的撤销与废止，即当行政相对人对授益性行政行为产生值得保护的信赖时行政主体就不得随意撤销或者废止该行为，否则应当合理地补偿行政相对人因信赖该行为的存续而获得的利益。由此可见，信赖保护只能理解为行政活动应当遵循的基本原则。

我们知道，依法行政的目的就是为了保护行政相对人的合法权益不受侵犯，而自由、权利保障对行政主体的总体要求就是依法行政。换言之，这两个原则之间在内涵上存在重复。因此，为了建立起严密的行政法基本原则体系，各项原则就应当在基本内涵上保持相对的独立性。总体来说，行政法的基本原则仍然是一个有待进一步探讨的话题。

二、行政法基本原则内容简析

（一）行政法基本原则定义逻辑分析

笔者认为在研究行政法基本原则之前必须对其逻辑、概念功能等进行明确的回答。行政法基本原则之界定根据权威法律辞典的解释，法律的原则就是法律的基础性真理或原理，为其他规则提供基础性或本源的综合性规则或原理，是法律行为、法律程序、法律决定的决定性规则。之所以称行政法的基本原则是根本法律准则，原因在于基本原则效力的贯穿始终性及其内容的根本性。下面笔者将集中在以下两个方面对行政法基本原则的定义做进一步的分析。

首先，效力贯穿于行政法规范的始终是行政法基本原则的重要特征之一。必须明确的是，只有在基本原则的指导和规制下，行政法规范才能符合行政法的目的。其次，内容的根本性是行政法基本原则的又一突出特征，它直接决定了基本原则的根本准则地位。内容的根本性我们可以首先从基本原则与行政法的目的、价值追求之间的关系上加以讨论。作为现代法律所追求的基本价值：自由、平等、正义、安定、秩序等，同样是行政法孜孜以求的价值目标。而行政法的基本原则作为其载体，无疑应当集中体现这些基本价值。正如我们法学界所一贯倡导的一样，行政法与宪法之间的关系最为亲密。这是因为，一方面，行政法的基本原则应当融入现代社会所公认的宪政理念；另一方面，宪法的某些基本原则直接决定着行政法的基本原则。我们甚至可以认为，一个国家的宪法可以准确地反映一个国家行政法的基本原则。在这方面，国外行政法治的实践已经为我们提供了充分的论证。基本原则往往就是立法者所制定的行政政策的集中体现。

由此可见，立法者所奉行的行政政策对行政法基本原则的确立具有很大影响，而这种不同的政策选择都是由特定时期的社会价值观念所决定的。我们可以理解为：行政法基本原则在内容上的差异也同时反映了行政法价值观念上的差异。

（二）行政法基本原则的功能简述

在学界，对行政法基本原则的功能研究大同小异，笔者试图对各种名家学说进行列举说明并作出总结。学界一般认为，行政法基本原则具有五大功能。

1. 指导功能

行政法基本原则的指导功能主要体现为基本原则指导行政法律规范的制定。基本原则作为一种根本性的法律准则，其直接的功能就在于为其他规范的产生提供依据。在行政法上，行政法规和规章是行政法规范的主要表现形式。[1] 作为行政法价值理念与行政法制度之间的媒介，基本原则能够在长时期内指导行政法制度的建立和完善，从而对行政法的整体结构和基本内容产生深刻的影响。我们甚至可以说，当一国行政法的基本原则确立以后，其行政法的制度架构和基本走向就已经基本定型。

2. 解释功能

一般来说，抽象的行政法精神通过较具体的基本原则来表现。行政法由于缺乏统一的法典，因而在适用过程中更需要得到解释。因此，无论是立法机关、行政机关还是司法机关，在对行政法规范做解释时都应当自觉遵守并

---

[1] 根据学者考证，"原则"在我国台湾地区译作"法理"——是指法律之原理，即适应时代环境需要、合乎正义之道，而一般理解为通常事理之谓，所以补成文法或习惯法之不足也。参见前引徐国栋书，"自序"，第11页。其实，在台湾行政法学界，学者也常常将行政法的基本原则称为"贯穿行政法全部领域的普遍法理"或行政法的一般法理。参见城仲模主编：《行政法之一般法律原则（一）》，三民书局1944年版，"序言"。

严格按照行政法的基本原则进行。尤其是在同一层级的不同行政法规范之间发生冲突而导致行政执法或审判依据不明时，相应的解释主体都应当以行政法的基本原则为标准，严格、谨慎地进行选择和解释。

3. 规制功能

规制功能是行政法基本原则作为一种行为准则。一般认为，行政法规范大多是从行政法基本原则中推导出来的，具有直接的可操作性和适用性。因此，行政法律关系的各类主体都应当首先以具体的行政法规范作为自己的行为准则。除了指导功能以外，行政法的基本原则对行政法律关系各类主体的行为还具有规制功能。

4. 整合功能

我们知道，法律意识与法律制度之间具有内在的互动关系：先进的法律意识对于推行法治具有重要的积极意义，而法律制度的不断发展变化又能够为法律意识的不断更新创造条件。一旦行政法基本原则为社会所普遍认知进而加以自觉遵守，行政法规范在社会的实施将更加顺利，行政法理念也会在社会中潜移默化地产生积极的传播效果。因此，行政法基本原则对于整个行政法制度体系的和谐以及先进行政法律意识的形成都具有明显的整合功能。

5. 补缺功能

一般认为，由于立法者主观认识的有限性与社会生活的复杂性之间存在着种种此消彼长的矛盾，因此法律也存在局限性。对于行政法来说，这一点更加突出。笔者认为，法律的适用者有责任充分地展示法律基本原则补缺的作用，尽力弥合法律规则与社会需要之间的鸿沟。例如，我国台湾地区行政法学理普遍认为，行政法的一般原则是由学说文献、法院判例或行政实务发展而来的，且被视为重要的不成文法源。就成文法而言，必须透过这些基本原则掌握其含义或加以修正；当法无明文规定时，则应当对其直接加以引用。

三、行政法基本原则的再思考

基于上面的分析说理，我们尝试将我国行政法的基本原则重新表述为三项内容：行政法定原则、正当程序原则和行政效益原则。这三项原则不仅在形式上贯穿于行政法的始终，而且在行政法体系逻辑内容上也具有根本性。下面将对这几项基本原则进行更深一步的分析。

（一）行政法定原则

按照前文所归纳出的判定标准，行政法定原则是当之无愧的行政法首要基本原则。笔者认为，这一原则包括四项具体要求。

1. 职权法定

这是指任何行政权力的来源都必须有法律的明确授予。在现代法治国家，行政权力与公民权利有着完全不同的运行规则；行政机关则不同，只有当法律对其进行明确的授权时才能实施相应的行为；否则，缺乏法律的授权，行政机关就不得作出行政行为。因此，职权法定的核心要求就是一切行政机关都不能自我设权，从而在根本上杜绝行政权的无限膨胀。所以从这个意义来说，职权法定是行政法定原则的第一性要求。

2. 法律保留

这是指当宪法或法律将某些事项保留给立法机关时，行政机关非经特别授权不得对此制定任何规范性文件。法律保留的目的主要在于约束行政机关创制行政法规范的活动，防止行政立法权的自我膨胀。

3. 法律优位

这是指在已经具有法律规定的情况下，行政法规、地方性法规及规章等规范性文件都不得与法律相抵触，凡有抵触则以法津为准；或者在法律尚未规定而其他规范性文件率先作出时，一旦法律就同事项作出规定，则法律具有优先地位，其他规范性文件必须服从之。

4.越权无效

凡是逾越行政权边界的行为都应当作无效处理，亦即是说，越权无效无疑应当是一种直接的责任承担。因此，越权无效是行政法定原则内在的重要保障。只有当法定的国家机关尤其是司法机关对行政机关的越权行为直接给予撤销或宣布其为无效时，行政在法律之下的理念才能够得到体现。

（二）正当程序原则

正当程序是英美国家普通法所普遍奉行的原则。它的核心包括两大方面：一个人不能在自己的案件中做法官；人们的抗辩必须公正地听取。[1] 如今，正当程序作为一种控制行政权力的理念，已经被学界接纳。笔者认为，正当程序是约束行政机关行政活动过程的根本原则，其意指行政权力的行使应当遵循最低限度的程序要求。进一步说，是否遵守正当程序应当成为权力型政府与权威型政府、任性政府与理性政府的直接分水岭。正当程序原则的具体要求主要表现为以下三个方面：

1.资讯公开

正当程序的首要标准就是资讯公开。所谓"太阳是最好的防腐剂"，离开了资讯公开，行政权力就会在不透明的状态中渐行渐远，从而自绝于现代法治社会。资讯公开的内容应当是全方位的，只要不涉及国家机密、商业秘密和个人隐私，凡是与行政职权有关的事项以及行政机关自身的基本情况都应当向相对人公开。

---

[1]　王名扬：《美国行政法》，中国法制出版社1995年版，第39页。

2. 听取意见

这是指行政机关在作出对相对人不利的决定之前，必须充分听取相对人的意见。是否认真地听取相对人的陈述和申辩是区分开明行政和专制行政的重要标准。听取意见不仅体现了对相对人的人格尊重和参与权的关怀，而且还能有效地避免行政偏私进而提高行政相对人对行政权力行使的认同感。

3. 说明理由

这是指行政机关在作出涉及相对人一方权益尤其是将对其产生不利影响的行政行为时，必须向相对人说明作出该行为的法律根据及其相关的政策考量。行政权力的行使要想获得相对人的自愿接受和通力配合，行政机关就必须努力进行理由的说明，通过说理来赢得相对人的理解和支持。

（三）行政效益原则

引入行政效益原则有助于更新行政法观念，从而更好地回应服务行政、给付行政时代的需要。笔者认为，行政效益原则的具体要求应包括以下两个方面。

1. 行政法规范创制应符合效益

这是指行政立法活动必须以较少的成本支出获得较高的社会效果。众所周知，行政立法活动本身需要消耗大量的人力、物力，而立法后的贯彻实施也需要支付相应的社会成本。

2. 行政法规范实施应符合效益

这是指行政机关在适用行政法规范处理个案时，必须尽可能减小对相对人利益的损害，在公共利益与个人利益之间寻求平衡点。从某种意义上来说，行政法规范的实施过程也是行政机关对各种相关利益进行权衡、取舍的过程。在这一过程中，作为公共利益维护者的行政机关理所当然应当追求公共利益的最大化，将其行为对相对人所造成的损失减少到最低限度。否则，这种行政权力的行使也不符合行政效益原则。

通过上述分析我们可以看出，行政法基本原则不能仅仅被看作是纯理论的概括和总结，我们更要看到其理应具有的法律拘束力。换言之，行政法基本原则不仅对行政权的行使，而且对行政权的监督也有重要意义。如法国行政法的一般原则即是具有法律效力的不成文规则，这些规则如同成文法律一样，能够对行政机关产生约束作用，如果违反这些规则的行政行为将被行政法院撤销。[1]

同时，笔者也注意到，行政法的基本原则是根据时代的发展不断变化的，其内涵会因社会生活的发展而不断丰富。换言之，对行政法的基本原则的研究不是起点，而是研究的结果。截至目前，学界对我国行政法基本原则的形成有两条路径：一是立法部门通过立法加以归纳总结，在行政程序法的总则中予以明确规定；二是学者研究，更具体地说，是对行政法具体规范的抽象概括。

笔者认为，在分析研究这一课题时，既要看到行政法的各个基本原则之间的内在的联系，也要注意行政法基本原则与行政法的理论基础、具体制度等的紧密的联系，即原则与理论基础相辅相成。亦即是说，原则体现了理论基础，而原则与制度之间则是一种一般与个别、抽象与具体的关系。因此，可以说，整个行政法的发展进程就是一个不断运动、不断发展、不断变化着的进程。

---

[1]　王名扬：《法国行政法》，中国政法大学出版社 1988 年版，第 211 页。

第二节　行政行为理论问题初探

一、行政行为内涵的界定与发展简述

在学界，自从"行政行为"一词出现以来，在这一概念的具体界定上，学者们一直存在着很大分歧，先后形成了最广义说、广义说、狭义说和最狭义说。[1] 进入 20 世纪 90 年代以后，我们认识到，狭义说逐渐得到了多数学者的认可，目前该说已经成为我国行政法学界的通说。

值得注意的是，最高人民法院 1991 年 6 月 11 日发布的《关于贯彻执行〈中华人民共和国行政诉讼法〉若干问题的意见（试行）》[本法规已被《最高人民法院关于执行〈中华人民共和国行政诉讼法〉若干问题的解释》（发布日期：2000 年 3 月 8 日　实施日期：2000 年 3 月 8 日）废止]（以下简称《意见》）首次对具体行政行为的内涵作出了明确解释。《意见》第一条规定："具体行政行为是指国家行政机关和行政机关工作人员、法律法规授权的组织、行政机关委托的组织或者个人在行政管理活动中行使行政职权，针对特定的公民、法人或者其他组织，就特定的具体事项，作出的有关该公民、法人或者其他组织权利义务的单方行为。"该规定一经发布就在学界引发了对具体行政行为与抽象行政行为划分标准的大讨论。作为回应，最高人民法院在 2000 年 3 月 8 日发布的《关于执行〈中华人民共和国行政诉讼法〉若干问题的解释》（以下简称《解释》）中又对此重新作出了全面的解释。《解

---

[1]　杨海坤：《中国行政法基本理论》，南京大学出版社 1992 年版，第 252 页。

释》第一条放弃了界定具体行政行为概念的努力，而是笼统地使用"行政行为"的概念，其意图显然是在于扩大其内涵，进而拓展行政诉讼的受案范围以满足司法实践的需要。

从保障行政相对人权益的角度审视上述观点，这一解释所引发的一系列问题我们必须正视：首先，作为一个法律术语，行政行为的内涵界定问题值得我们再次思考；其次，行政行为的外延应如何规范；再次，原先的具体行政行为概念是否需要保留。

基于此，笔者注意到回顾域外相关学说观点与学者论述的必要性。放眼世界，德国学者从法国引入了行政行为概念。此后，这一概念逐渐成为行政法学上的重要范畴。根据德国行政法学学者的理解，起初曾将行政行为界定为国家机关或公共团体的所有行为。后来，受民法理论的影响，学者又将私法行为、实体行为及准法律行为一一排除，而仅以具有意思表示即法效意思作为行政行为固有的特点。同时，学者们还对借民法理论对公法行为提出了质疑。

在日本行政法学的发展过程中，学者们起初对源自德国的行政行为概念也是众说纷纭，学界并无统一论断。根据战后学者对于这一问题的分析，行政行为的概念可以分为最广义、广义、狭义及最狭义四种。其中，广义说在日本早期颇为盛行，由于此种学说把握了德国概念的原初意义及其精髓，因而使得德日两国在行政行为的理解上逐步呈现趋同化趋势。

我国台湾地区承袭日本，亦将德国行政行为引入立法中。尽管对行政行为概念的理解也存在最广义说、广义说、狭义说与最狭义说之分，但自采纳日本早期通说（广义说）以后，行政行为已成为一个特定的概念。分析台湾学者对这一概念的研究，笔者发现在台湾地区行政法学理上，行政行为是"行政处分"这一法律用语的上位概念，而行政处分的概念则与德日概念的表述基本趋于一致。

综上，回顾域外相关学说观点与学者论述，笔者注意到在大陆法系国家行政法的发展史上，行政行为已经成为了一个极具争议性的概念。究其原因，主要由于行政行为起初只是一个学术用语而非实定法上的概念，因而各国在不同的历史时期对行政行为形成了完全不同的认知。然而，伴随着大陆法系国家行政程序法典化趋势与各国国内行政诉讼法制的不断完善，行政行为已成为具有特定内涵和外延的法律术语。当今德日等多国理论及实务上的行政行为用语已基本同义，而且对行政行为内涵的理解又回归到其确立之初的原始意蕴，在此笔者不再展开赘述。

从大的研究方向看，行政行为已经成为我国行政法学研究中一个极具争议性的基本范畴。尽管学界围绕这一概念进行过较大规模的讨论，但在诸多问题上仍然难以形成共识。基于此，笔者认为，行政行为概念的明晰，不仅是构筑科学的行政行为法理论体系的逻辑前提，而且更是行政执法和司法审查实践中所迫切需要的。

二、行政行为概念重构之设想

我国行政法通说认为，行政行为指"行政主体在实施行政管理活动、行使行政职权过程中作出的具有法律意义的行为[1]"。尽管狭义说备受我国学界主流青睐，但其自身却面临着诸多实际问题。笔者认为，行政法通说存在以下值得商榷之处：

首先，行政行为功能存在迷失趋势。在我国行政法学兴起初期，行政行为是作为一个学理概念用来指称所有行政主体所为以达到行政目的的行为。行政法学界此后普遍认为，与具体行政行为相对应的是抽象行政行为，前者可诉而后者不可诉；行政行为则是二者的上位概念。然而狭义说的问题也不容忽视：作为一个法律术语，"行政行为"的内涵和外延在司法的可操作性

---

[1] 罗豪才：《行政法学》，北京大学出版社 1996 年版，第 105—106 页。

和学术意义上都存在模糊不清的"中间地带"。

其次，行政行为功能体系存在紊乱趋势。作为一个集合概念，行政行为应当包含很多概念，这便涉及行政行为的分类问题。然而，综观我国学界对行政行为分类研究，不难发现，其自相矛盾之处也值得关注。例如，抽象行政行为与具体行政行为、单方行政行为与双方行政行为、依职权行政行为与依申请行政行为、作为行政行为与不作为行政行为的划分存在体系错乱、分层不清等问题。显然，概念与分类的自相矛盾的体系是通说所暴露的又一问题。笔者发现，在狭义说盛行于当代中国学界之时，仍有少数学者对行政行为的概念作出了不同的界定，有的观点还对通说构成了有力的挑战。这些异议主要有合法行为说、具体行为说等几种。

基于上述回顾与分析，笔者对行政行为概念重构的初步设想是建立在两种途径选择的基础上的。首先，在立法实践中抛弃"具体行政行为"这一法律用语，以"行政行为"取而代之。其次，在学理上停止具体行政行为与抽象行政行为的划分，在这里可以参考德日等国家对行政作用实行类型化的处理，是行政行为与行政合同、法规命令、行政计划、行政指导、内部行为等处于行政作用之下的同一位阶的学术概念。再次，从服务于行政诉讼的角度出发，对行政行为概念作出严格界定，并使法律用语的意义趋于一致，试图将行政行为的理论研究引向对具体规则的探讨。

基于此，将行政行为定义为具有行政权能的组织或者个人行使行政职权或履行行政职责，针对行政相对人所作的直接产生外部法律效果的行为是比较合适的。笔者提出这些基本构想的理由如下：

首先，具体行政行为与抽象行政行为的划分在法理逻辑上难以形成闭合的说理链条，给司法实践的具体操作带来诸多负面效应。在逻辑上，即便是借用具体和抽象这对哲学范畴对行政行为概念进行划分也是存在不足的。这是因为，作为哲学用语的抽象，特指在思想中抽取事物的本质属性，而舍弃个别本质的属性。类似的，对这种行为也完全可以进行抽象分析。由此可见，行政行为既是具体的，同时又是抽象的。因此，具体行政行为与抽象行政行为在外延上不仅不互相排斥，反而相互兼容。在逻辑学上，这是典型的子项相容错误。[1]

更值得我们注意的是，具体行政行为与抽象行政行为的划分给司法实践造成了一系列不良后果：一方面，由于二者划分标准的模糊性，导致大量本该受理的行政案件被置于法院之外，使得行政相对人的合法权益得不到应有的保护；另一方面，抽象行政行为在客观上也为行政机关逃避司法审查制造了合法外观，使得法治行政的基本原则落空。立法者的出发点是想通过二者的区分来确定行政诉讼的受案范围，然而结果却是适得其反。正是基于这些考虑，笔者尝试提出应在立法上以"行政行为"取代"具体行政行为"概念[2]，并在学理上停止具体行政行为与抽象行政行为的划分。

其次，不同方式的行政活动性质、特征、规则存在较大差异，难以被整合于同一具有特定内涵的概念之中。从各国行政法的发展史上看，行政活动的形态经历了由单一化向多样化不断演进的历程。随着大量新型行政活动方式的涌现，传统的行政行为观念已无法对之作出合理解释。例如，行政契约、行政指导、行政计划在效力的发生、对相对人权益的影响程度及法律控制手段等方面都与行政行为存在较大差别。正如学者所言，行政行为只是与行政主体和私人之间法律关系的形成、消灭有关的一种法行为形式而已，它并不

---

[1] 我国法理学者周永坤教授亦曾对具体行政行为与抽象行政行为的划分提出过类似的批评意见，参见周永坤：《司法制度改革论纲》，载南京师范大学法制现代化研究中心编：《法制现代化研究》，南京师范大学出版社 2000 年版，第 169 页。

[2] 之所以不主张仿效台湾地区以"行政处分"取代之，主要原因在于，在大陆，行政处分已经成为具有特定内涵的法律概念。从遵循语言习惯及跟随德日潮流出发，以"行政行为"取代之更为适合，同时，出于学术研究便利的考虑，我国行政法学理可以引入"行政作用"一词作为行政行为的上位概念。不过，这一概念仅具有形式意义，用作一切公权力活动的总称。

是在行政活动中排他性的道具。[1] 尽管德日等国也曾有过以行政行为包容公权力的学术尝试，但终因不同行政活动方式的巨大差异而无法形成统一完善的学术体系。

时至今日，对行政活动实行类型化的处理已被大陆法系国家学术与制度实践所普遍接纳。在大陆法系国家的立法实践中，对行政作用进行分类规制也成为其行政程序立法的鲜明特点。例如，德国《行政程序法》以专章分别对行政行为和公法合同作了相应规定。葡萄牙《行政程序法典》第四部分"行政活动"即由规章、行政行为和行政合同组成；我国澳门地区《行政程序法典》也承袭了这一模式。日本《行政程序法》则在开篇就对法令、处分、行政指导等不同形式的行政作用作了明确界定。由此可见，将行政行为与不断涌现出的新型行为手段并列保持了传统行政行为概念的特定内涵，已经成为大陆法系国家行政法发展的基本走向之一。因此，这种思路值得我国学界借鉴和学习。

综观大陆法系各国行政法的发展史，大多数国家都是以行政诉讼制度为其背景的。例如，法国行政审判的产生，目的在于防止普通法院对行政机关行为的干涉，1790 年 8 月 16—23 日的法律就明确规定："法官不得以任何形式干扰行政机关的行为。"[2] 为此，就必须划清行政审判与普通法院审判的权限范围，行政行为概念便因此引发讨论。

综上分析已经显示，笔者对行政行为概念的重构是在借鉴国外与反思我国相关概念的基础上展开的。笔者认为，行政行为应由四个要素构成：第一，行政行为是具有行政权能的组织或者个人的行为。行政权能是能够实施法律、行使行政权力以完成行政目的的一种资格。第二，行政行为是基于行使行政职权或履行行政职责而实施的行为。行政职权和行政职责都是行政权的组成

---

[1]　[日] 盐野宏：《行政法》，杨建顺，法律出版社 1999 年版，第 81 页。

[2]　王名扬：《法国行政法》，中国政法大学出版社 1988 年版，第 567—568 页。

内容，但二者却不能混为一谈。第三，行政行为是直接影响到行政相对人一方权利义务的行为。第四，行政行为是产生外部法律效果的行为。

三、行政行为效力问题研究

行政行为效力既是我国行政法学理论上的一个重大课题，也是一个与行政审判实践有着密切联系的问题。令人遗憾的是对其进行较为深入系统的探讨的学者凤毛麟角。[1]笔者认为，对行政行为效力进行全方位、多角度的研究，不仅有利于行政行为理论体系的健全与完善，而且还能为我国行政法的制定提供较为坚实的理论支持。为此，笔者拟对行政行为效力的概念界定、法律特征、基本类型、功能目标价值、组成内容及表现形态等基本问题依次进行研究。

（一）行政行为效力概论

对行政行为效力这一基本概念进行系统界定，是我们深入研究行政行为效力理论的逻辑前提和起点。值得注意的是，我国学者在早期并未对这一问题进行过深入的研究，直到最近这一情况才有所改观。笔者认为，对行政行为效力下定义需要在两条基本准则下讨论：其一，是能够揭示出行政行为效力的本质属性，以使之区别于其他相类似概念；其二，是确保定义自身的涵盖性和周延性是否能够准确覆盖所要包含的内容。基于上述考虑，笔者认为，行政行为效力可试定义为：已存在的行政行为依其外形和内容所具有的产生

---

[1] 在我国行政法学界，上海交通大学叶必丰教授和本书作者之一章志远博士都于2002年完成了以"行政行为效力"为主题的博士学位论文，并先后公开出版。参见叶必丰：《行政行为的效力研究》，中国人民大学出版社2002年版；章志远：《行政行为效力论》，中国人民出版社2003年版。此前，中国政法大学1998届行政法学专业硕士生吴婧萍和浙江大学2001届行政法学专业硕士生刘东亮也先后完成了题为"行政行为效力研究"的硕士学位论文。

一定法律效果的特殊作用力。进一步说，这一定义应包含几个基本要素：第一，行政行为效力的载体；第二，行政行为效力的依据；第三，行政行为效力的表现形式；第四，行政行为效力的目的。它们共同有机组合揭示了行政行为效力的本质。以下笔者将分别对其加以分析：

第一，行政行为效力的载体。我们都知道，行政行为效力的载体只能是已存在的行政行为。之所以将其限定为"已存在"的行政行为，主要原因在于通常所说的行政行为既可以指行为的一系列过程，也可以指行为的最终结果。由此可见，行政行为的存在和概念是讨论行政行为效力问题的逻辑起点。

第二，行政行为效力的依据。值得注意的是，行政行为效力的依据与行政行为效力的本原是不同的，笔者认为前者强调的只是效力得以发生的直接的、一般性的基础，而后者则是对效力得以发生的基础的后续研究和深入探索。

第三，行政行为效力的表现形式。就行政行为的效力而言，其表现形式则是一种特殊作用力。笔者之所以这样认为正是基于以下认识：其一，法律效力表现形式学说的广泛影响；其二，行政法学界提出的"约束力""强制力"等词汇仅表达了行政行为的局部特征或内容，很难涵盖行政行为效力的全部特性；其三，与法律效力相比，行政行为的效力更加复杂，通过更进一步的研究发现，这种作用力的特殊性源于行政行为双方当事人之间关系的复杂性。特别是相对人在启动救济程序之后，行政行为的效力问题就会更复杂。可见，行政行为效力的表现形式可以表述为特殊作用力。

第四，行政行为效力的目的。行政行为既服务于行政效率，又服务于公民利益，其特殊功能就在于"使国家和公民之间的关系得以明确化、稳定化"[1]。因此，行政行为所预期的法律效果必须得到实现。否则，行政相对人的社会交往和日常生活将失去应有的稳定感，也有可能导致行政权威的丧失。作为一种法律上的作用力，行政行为效力不仅存在于行政行为的整个过程之中，而且还直接服务于行政行为法律效果的实际发生。

（二）行政行为效力的法律特征

根据学界研究成果和通说，我们一般认为，行政行为效力具有几个法律特征：第一，阶段性。行政行为效力的阶段性源于行政行为的过程性。"行政行为的过程性表明行政行为不是静止的事物，而是一个不断发展的动态过程。提出行政行为过程性，既是以哲学上的过程论和发展观透视行政行为的结果，更重要的是出于对行政行为实际运行状态的考察。具体地说，任何一个特定的行政行为都是一个动态发展的过程。每一个实际存在的行政行为，都是表现为一种时间上的持续过程，都有一定的程序环节，都具有过程性。"[2] 在行政行为作出之前的准备阶段，效力尚无从谈起；下一阶段，当行政行为成立之时，公定力、不可变更力产生；接下来，行政行为为相对人所知悉以后，执行力逐渐开始发生作用。可见，在行政行为发展过程中的不同阶段，效力的具体表现也各不相同。

第二，有限性。行政行为效力的有限性表明行政行为的效力并不是无所不在的。行政行为效力之所以是有限的，其原因在于行政法领域利益关系的复杂性和行政行为自身内容的多样性。在行政法领域中的利益关系具有主体多元性等特点。行政主体作为公共利益的代表者和维护者，其优先性应当是

---

[1] ［德］哈特穆特·毛雷尔：《行政法学总论》，高家伟译，法律出版社 2000 年版，第 205 页。

[2] 朱维究等：《行政行为过程性论纲》，载《中国法学》1998 年第 4 期。

在充分地尊重和保护个人利益的前提基础上的优先。[1] 其实，作为对行政行为效力进行评判的司法审查制度的存在，也折射出行政行为的效力并不都是无限的。换言之，有限性是行政行为效力的又一重要特征。

第三，灵活性。对行政行为可以同时进行合法与否及有效与否的双重评价。"行为合法与否是客观法对法律事实的一种简单而极端的评价，它只能给人以非此即彼的判断；而行为有效与否则是客观法对法律的另一种更为复杂的评价，它可以包含多种法律后果判断。"[2] 进一步说，对行政行为的法律评价学界有两种结论：合法行政行为与违法行政行为。但是，对行政行为的效力评价则显得异常灵活。行政行为效力的灵活性不仅体现在上述效力的不同状态之中，而且在效力的具体内容上也有所显示。

第四，程序性。作为行政行为基本原理的重要组成部分，效力问题"不是说行政行为具有理应被承认的超实定法的效力，而是说它不外乎是从行政行为效力的观点来把握实定法就行政行为采用的特定的法律制度情形的概念"[3]。此外，这些国家和地区还在其行政诉讼程序中对行政行为效力的部分问题作了相应规定。截至目前为止，我国大陆虽未制定统一的行政程序法典，但在学界所提出的意见草案中，都有关于行政行为效力的规定。[4] 可以作出积极判断的是，行政程序法正日益走进成文法的视野，并逐渐成为各国行政程序及行政诉讼程序立法的重要内容。

---

[1]　杨小君：《行政法基础理论研究》，西安交通大学出版社 2000 年版，第 63 页。

[2]　董安生：《民事法律行为》，中国人民大学出版社 1994 年版，第 126 页。

[3]　[日]室井方：《现代日本行政法》，吴微译，中国政法大学出版社 1995 年版，第 93 页。

[4]　例如，由北京大学公法研究中心主任姜明安教授领衔起草的《中华人民共和国行政程序法（试拟稿）》（2002 年 9 月）第三章第二节即对行政处理的效力问题作了迄今为止最为周密的设计。

（三）行政行为效力的基本类型简述

鉴于上述分析，笔者认为对其进行一定的分类研究十分必要。以下将研究两种具有法律意义的行政行为效力分类。

1. 行政行为的形式效力与实质效力

所谓行政行为的形式效力是指行政行为自成立、生效时起所具有的效力。形式效力的本质是一种法律推定，因而其并不具有必然的真实性。实质效力来源于法律上的认可，因而具有客观真实性，不容任何无端质疑与挑战就形式效力与实质效力的关系而言，前者是后者是归依，后者以前者为基础。

2. 行政行为的内部效力与外部效力

所谓行政行为的内部效力是指行政行为作用于行政主体自身的效力，它主要指行政行为的不可变更力。一般来说，行政行为作出之后即具有形式上推定为有效的公定力，任何国家机关、社会组织及个人都应给予必要的尊重，不能随意对其提出挑战；当行政行为符合相应的生效规则之后，行政相对人就应当在法定期限内自觉履行义务或者提出相应救济请求；换句话说，外部效力体现了公共行政的权威，是行政目的实现的根本保障。我们作行政行为内部效力与外部效力的区分，将有助于认清对行政权的节制和尊重，对有关机关、组织及公民个人的行为都具有重要的现实意义。

（四）行政行为效力的功能目标与价值目标

行政行为效力的功能目标是设定行政行为效力制度的目的，或者说是其存在的价值目标。由于行政行为是连接国家与公民之间关系的纽带，因而其效力就必然同时存在着两个相互冲突的价值目标。在本章的论述中，笔者为行政行为效力制度尝试设置了两种功能目标——法的安定性与个案正义、依法行政与信赖保护。法的安定性一般是指基于人类对稳定、安全的社会秩序和生活的需求而产生的。在法治国家中，法的安定性对立法、司法、行政都具有重要影响。换句话说，法的安定性理念必然要通过立法、司法、行政等领域的具体制度安排得以显现。可见，行政行为效力制度的运行能够极大地增强公共行政主体和公民之间法律关系的明确性和稳定性，进而有效地维护法的安定性。

然而，法的安定性与正义之间并非总是一致的。相反，二者往往处于相互矛盾的紧张关系之中。在实践中我们看到，法律自身的普遍性与社会生活的多样性之间永远都存在着难以消除的矛盾，法律适用也因之而无法在任何特定的场合下都能实现公平与正当。亦即是说，在法的安定性与个案正义之间客观上是存在冲突的。对于这种冲突与解决办法，笔者认为，可从行政行为的不可争力的角度加以思考。由此可见，法的安定性与个案正义都是行政行为效力制度所追求的功能目标。

笔者认为，法安定性居于首要地位，但是我们也要看到个案正义也不容忽视。依法行政与信赖保护依法行政原则，是各国行政法共同遵循的基本理念。虽然大陆法系国家与普通法系国家因宪制背景、历史传统的差异而对依法行政的诠释各有不同，但其核心精神都在于通过约束行政权以保障基本的人权。信赖保护原则起源于德国，是德国联邦行政法院根据法治国家中法律安定性原则和民法中的诚信原则加以推论而确立的。依法行政原则与信赖保护原则的冲突集中体现在授益行政行为的撤销和废止问题。当行政主体作出授益行政行为之后，相对人即会获得某种特定的利益，且受益人往往也会因信赖该行为的合法有效而有所作为；如依据依法行政原则撤销该授益行政行为，则意味着对相对人已获利益的剥夺，因此，相对人对该行政行为的信赖利益应成为行政主体行使撤销权的必要限制。

综上，依法行政与信赖保护都是行政行为效力制度所追求的功能目标。

由于二者同是行政法及宪法层面的原则，依法行政体现了比较浓厚的职权主义色彩，而信赖保护则比较关注现实，充分体现于对相对人既得利益的维护。因此，我们可以得出结论，二者之间虽存在着一定冲突，但也是可以相得益彰。

（五）行政行为效力组成内容简述

综观国内外学者对这一问题的观点，大致都可以归入两大派别，即传统四效力说和现代四效力说。前者是以公定力概念为核心而构筑起来的理论体系，后者则是以存续力概念为核心而构筑起来的理论体系。笔者对上述效力说的基本观点是以公定力为核心的传统四效力说，在总体上并未过时，因而对其不应随意摒弃。以存续力为核心的现代四效力说目前尚未被行政法学界普遍接受，但其发展值得学界关注。

笔者认为，行政行为效力由公定力、不可变更力、执行力及不可争力四项内容组成。从法律逻辑关系上看，公定力在行政行为效力体系中居于基础性地位，是其他效力发生的基础和前提；不可改变力、执行力及不可争力则是公定力的延伸、表现及保障。它们相互影响，作为一个有机整体，共同支持着行政行为法律效果的运作。

关于行政行为公定力的概念，日本及我国大陆、台湾学者已多有论述。笔者认为，这一定义由四个基本要素所构成：第一，公定力的发生前提。公定力的发生必须同时满足两个基本条件：一为积极条件，二为消极条件，即行政行为作出之后并非自始无效。第二，公定力的本质。作为一种预设的效力，公定力并没有被法律所明确规定，但它却始终隐含于实定法条文之后，在观念上支持着诸多现实的制度安排。第三，公定力的适用对象。行政行为公定力是一种"对世"的效力，即公定力可以适用于所有国家机关、社会组织或公民个人。具体来说，既包括行政行为所针对的行政相对人及其他利害关系人，也包括与该行为无利害关系的其他社会组织及公民个人。第四，公定力的基本要求。简言之，公定力要求受其拘束的对象承担的基本义务主要是针对行政行为的相对人而言的。

同时我们也看到，公定力存在坚实的社会基础。第一，行政瑕疵的不可避免性。在现代法治社会，依法行政已被公认为政府活动的基本准则。第二，行政纠纷的客观必然性。法社会学的研究表明，纠纷是在特定的社会条件下，在特定的主体之间发生的。具体到行政法关系领域而言，行政相对人与行政主体之间的争议是最为典型的行政纠纷。第三，纠纷解决的非合意性。即有社会纠纷，就需要化解纠纷的场所、机构及相关的规则。大体来说，纠纷的处理方式主要有两种：一种是由当事人合意解决，另一种是由第三人居于纠纷当事人中间处理纠纷。

从学界的观察看来，公定力存在一定的理论基础。公定力存在的理论基础旨在论证公定力理论存在的正当性。笔者认为，以"秩序需求说"解释公定力存在的理论基础似更为妥当。一方面，此概念意指在自然进程和社会进程中都存在着某种程度的一致性、连续性和确定性。另一方面，无序概念则表明存在着无规则性的现象，亦即缺乏知识所及的模式——这表现为从一个事态到另一个事态的不可预测性的突变情形。不可否认，在文明人类社会，秩序是普遍存在着的。简言之，行政行为公定力的理论基础宜定位于社会成员的秩序需求。

作为一种对世的法律效力，公定力对不同的对象分别具有不同的要求。首先，当行政相对人及其他利害关系人在知晓行政行为之后，就应当自觉接受其拘束作用。其次，行政行为作出之后，原行政机关自身也应对其表示尊重并自觉接受其约束。再次，除了原行政机关及行政相对人要受行政行为的直接约束作用以外，其他社会组织及公民个人也必须承认并尊重行政行为的客观存在。当行政机关作出行政行为之后，其他的行政机关也应受到不同程度的影响。因此，公定力的要求源于在国家行政权的纵向分配格局中，下级对上级的服从以及上级对下级的监控。

最后，笔者认识到，行政行为的公定力在某些诉讼中对各级法院也有着一定的特殊要求，具体表现在两个方面：其一是在一般的行政诉讼中，当另一个未被起诉的行政行为构成解决本案行政争议的先决问题时，法院必须对其给予应有的尊重，而不能主动地对其实施审查项；其二，在民事诉讼中，当行政行为构成解决民事争议的先决问题时，基于行政权与司法权相互分立、制约的考虑，除非行政行为自始无效，否则，法院也必须自觉承认该行为的客观存在而给予必要的尊重，并将其作为自身判决的基础性条件之一。

作为一个重要的行政法学范畴，公定力支撑着下列几项具体的法律制度：

第一，公定力是行政行为不可改变力、执行力及不可争力的逻辑前提。或者说，公定力始终支持着行政行为的不可改变力、执行力及不可争力。

第二，公定力是行政救济制度设定的潜在缘由。从这个意义上来说，行政救济实际上是法定机关对以公定力为代表的行政行为形式效力实施再评判的过程。

第三，公定力是"一事不再罚"和"争讼期间不停止执行"等具体法律制度的理论依据。基于社会秩序的客观需要，相对人即便启动了行政救济程序，该行政行为的公定力在争讼终结之前仍然存在，因而相对人的争讼行为原则上并不能任意阻止原行政行为内容的实现。可见，"一事不再罚"和"争讼期间不停止执行"原则都是公定力理论的生动体现。当然，行政行为还有不可改变力、执行力、不可争力，笔者在此节不再赘述。

（六）行政行为效力表现形态简述

学理上行政行为效力的形态主要表现为无效、生效、有效和失效。下面笔者尝试就每种效力形态展开分析与探究。

1. 无效

无效指的是行政行为作出之时因欠缺法定实质要件而自始全然不发生法律效力的状态，它具有四个基本特征：一是自始无效，即从行政行为正式作出时即无法律上的约束力。二是当然无效，不论行政相对人是否提出主张，是否知道无效的情况，也不论是否经过法院或行政机关的确认，该行政行为都是无效的，确认只是对一个已经存在的事实加以确认而已。三是确定无效，行政行为不仅成立时不发生法律效力，而且此后的任何事实也都不可能使之有效。四是绝对无效，即行政行为所蕴含的意思表示内容绝对不被法律所承认。至于无效的原因，从大陆法系国家和地区的行政法学理及立法来看，大多是因行政行为存在重大且明显的瑕疵而引起的。

然而，就行政界实务来看，仅凭上述一般性标准去衡量行政行为的无效显然是不够的。因此，各国的行政程序法和法院判例还为此确立了一些具体的标准，即只要具备法律明确规定的情形，该行政行为就当然地无效。一般学界认为，明确宣示的原因主要有以下五个方面：

第一，主体瑕疵。因主体瑕疵而致行政行为无效的，大致有四种情形：一是根本不具有行政主体资格者所实施的行为；二是虽有行政主体资格，但对特定事项不拥有行政权能而实施的行为，即实质无权限的行为；三是不具有正当组织的行政机关所实施的行为；四是行政主体完全无意识的行为。

第二，权限瑕疵。此处的权限瑕疵是指行政主体超越职权所实施的行为，大致包括超越地域、事务界限以及行政权能法定幅度等行为。

第三，内容瑕疵。因内容方面的瑕疵而导致行政行为无效的，主要有四种情况：一是行政行为的内容直接违法或构成犯罪的；二是行政行为的内容在事实上不可能实现的；三是行政行为的内容在法律上不可能实现的；四是行政行为的内容不能确定的。

第四，形式瑕疵。因形式瑕疵而致行政行为无效的，主要有两种情形：一是缺少法定书面形式要求的；二是虽有书面形式，但欠缺关键要素的行为。

第五，程序瑕疵。关于程序瑕疵是否导致行政行为的无效，各国行政法学理上一直都存在争议，笔者在此不再一一赘述。

关于无效的法律后果，目前通说主要体现在四个方面：第一，从时间上看，无效的行政行为在任何阶段都不具有效力，且其并不因事后的追认、转换或争讼时效的经过而自然取得效力。第二，从内容上看，一方面，无效的行政行为根本不具有公定力，任何人、任何机关都可以无视其存在；另一方面，无效的行政行为也不具有不可改变力、执行力和不可争力。因此，行政相对人及其他关系人对其可以不服从、不理睬；行政机关也不得为此而实施强制执行。第三，在某些特殊情况下，无效的行政行为所衍生出来的事实在法律上仍然被视为有效。第四，当行政行为部分无效时，除非无效部分是该行为不可分割的组成部分，否则行政行为的其他部分仍然有效。

对于行政行为的无效，主要有三种判定的方式：一是由行政相对人及其他利害关系人自我判定，即他们无须等待有权机关的正式宣告，就可以直接根据法律的规定或自己的理解作出行政行为无效的认定。不过，当事人的这种认定具有很大的风险性。可见，自我判定的方式虽然在逻辑上、理念上是成立的、正当的，但基于权利、义务及责任的一致性，在实践中却是需要行政相对人审慎行使的。二是由行政机关进行判定。此处的行政机关既可以是作出原行政行为的机关，也可以是其上级机关。三是由行政法院在特殊类型的行政诉讼中予以确认。在一些大陆法系国家，法院大多是在独立的无效确认之诉中对行政行为作出最终判定。无效确认之诉的最大优点是不受诉讼时效的束缚，即当事人可以在任何时候向法院提出无效确认的请求。对于行政行为无效的理论，我们应该认识到其重要性，因为贯彻这一理论对于维护公民利益和实行行政法治有着重要意义；但另一方面，这一理论在实践中的运用尚存在许多具体问题，亟待解决。

综上，笔者所分析的问题仅是目前最基本的法理概括和法条规定。

2. 生效

从行政行为过程性角度来看，生效是行政行为自身运行进程中的一个重要环节，意指行政行为在符合特定条件时开始产生形式效力。笔者注意到，从理论上说，对于行政主体而言，行政行为的成立与生效是完全一致的，即行政行为一旦作出就对行政主体一方产生形式上的效力；但对行政相对人来说，行政行为只有在通知之后才可能对其产生形式效力。

生效与行政行为的成立、有效等概念既有联系又有区别。就它们之间的联系而言，生效是有效的前提，有效则是生效的延伸；符合生效条件的行政行为具有形式效力，而符合有效条件的行政行为则具有实质效力，它们都是对行政行为效力相应的评价方式。另一方面，二者的区别也是明显的：其一是存在顺序不同，行政行为的生效在前而有效在后；其二是条件不同，行政行为的生效条件仅表现为简单的程序要求，而行政行为的有效条件则包括实体、程序诸多方面的要求。其三是二者在行政法体系中评价层次不同，一般认为，生效是对行政行为效力的初级评价，而有效则是对行政行为效力的高级评价。

在行政法学理论上，一般认为生效大致有四种具体情形，即受领生效、告知生效、即时生效、附款成就生效。[1] 不过，从一些大陆法系国家和地区的行政程序立法来看，对行政行为生效的规定则主要采取了两种模式：一是规定自通知或公告之日起生效，德国、意大利及我国台湾地区即属此种类型。这种区别行政处分与一般处分、书面行政处分与书面以外其他行政处分，进而对其生效规则分别加以规定的做法，既体现了立法的周密与严谨，又表达

---

[1] 杨海坤：《跨入 21 世纪的中国行政法学》，中国人事出版社 2000 年版，第 282 页。

了对行政主体不同层次的程序要求值得借鉴。二是规定行政行为原则上自作出之日起生效，特殊情况下自通知之日起生效，其以葡萄牙、西班牙最为典型。由此可见，将行政行为区分为授益性行政行为与负担性行政行为，并分别对其生效规则作出相应规定是这一模式的最大特点。它既照应了行政行为本身的具体内容，又体现了对相对人利益的切实维护，值得学界进一步借鉴研究。

3. 有效

有效是指已生效的行政行为因符合法定要件而具备或视为具备实质效力的状态，它是行政主体所积极追求的一种状态。长期以来，我国行政法学理普遍将有效等同于合法。笔者认为，这些认识都值得商榷的。行政行为的合法与有效之间固然存在着紧密的联系，如合法的行政行为都是有效的，而有效的行政行为大多也是合法的。但是，二者的区别也是显而易见的：合法是对行政行为的肯定性法律评价，其条件一般比较严格；而有效则是对行政行为的肯定性效力评价，其条件相对而言比较灵活，在一些情况下行政行为虽然不合法却也可能是有效的。笔者认为，行政行为的合法要件可以看作行政行为有效的一般要件，而其他并不合法但可视为行政行为有效的则可以归结为有效的特殊情形。

提及有效的一般要件，笔者认为，主体合法应当是判定行政行为合法、有效的首要条件。简而言之，作出行政行为的行为主体不具备法定的资格和条件时，该行为就不能算作合法、有效的行政行为。鉴于学界对这些具体要件已多有论述，此处笔者将不再赘述。

就有效的特殊情形而言，行政行为除了因合法而有效之外，在三种特殊情形下也应当视为有效：一是行政相对人在法定时效届满时未提出救济请求的，除了无效行政行为之外，不管该行政行为是否合法，一般都视为有效。二是对于某些程序上存在轻微瑕疵的行政行为，经过补正之后同样承认其为有效。虽然程序合法是行政行为有效的一般要件之一，但当今世界各国大多对程序违法尤其是程序的轻微违法持比较宽容的态度，即这一瑕疵经补正并不影响行政行为取得实质效力。三是对于某些一般性违法行政行为，有权主体可以根据利益衡量原则或通过追认、转换等手段维持其效力从而使其达到有效的状态。这是一些国家和地区的行政诉讼及行政程序立法所认可的一项特殊制度。

4. 失效

失效是行政行为又一重要的效力形态。在行政法学理上，失效亦称作行政行为效力的"消灭"或"终止"。如对于这一概念的理解，笔者认为，应从三点观察：第一，失效的前提。行政行为的失效应当具备两个基本的前提条件：一是该行政行为已经生效，即已经发生了形式效力。二是该行政行为已满足失效的法定条件。第二，失效的形式。行政行为的失效主要表现为客观失效和主观失效两种不同的情形。这是由于引起失效的具体原因不同所导致的。其中，客观失效是由某些客观事实的出现而引起的，如行政行为因履行完毕而导致其效力的自然消灭；主观失效则是因法定机关的撤销、废止或变更而引起行政行为效力的消灭，如原行政主体依职权撤销其所作的违法行政行为而致其效力丧失。

提及失效的表现形式，笔者尝试从两个方面进行观察。第一，客观失效。客观失效亦可称为自然失效、自动失效，它主要是因行政行为自身某种要素的完结而发生的。一般来说，自行为要素完结之日起行政行为即失去法律效力。客观失效包括三种具体情形：一是因内容的实现而失效。任何行政行为的作出都为了达到一定的预期目标。当这一目标最终得以实现时，行政行为也将因之而失去法律效力。第二，主观失效。主观失效亦可称为废弃失效，它是因行政行为自身存在违法、不当等瑕疵或因其不适应情势的变迁由法定机关废弃而引起的。与客观失效不同的是，主观失效只有依赖有权机关的废弃才能得以实际发生。换言之，即使行政行为的瑕疵或不适应情形是客观存在的，但未经废弃则其效力就不能自动丧失。具体来说，行政行为的主观失效也包括三种情况：一是因撤销而失效。二是因废止而失效。废止是指有权机关以不适应事后形势的变迁为由而消灭已经生效且合法的行政行为的效力。由于废止是因新情况的发生而非行为本身违法所致，因而它原则上只能使行政行为向后失去效力，此前已经实际发生的效果则不再追究。三是因变更而失效。变更是指有权机关以不当或者不适应情况变化为由对已生效的行政行为的内容所作的部分改变。行政行为的部分内容被变更之后，其效力就随之消灭。

第三节　关于行政法律关系的研究

一、行政法律关系的理论研究

各种社会关系由各种部门法调整，并形成特定的法律关系，而行政法律关系便是其中的一种法律关系，在我国行政法学的研究发展中，学界中有各种不同的认识。在20世纪90年代初期，行政法律关系被认为没有研究的必要。因为一些学者认为行政关系不平等，因此行政法学应该重点研究行政机关这一边，行政活动的内容已经涵盖了行政相对方。至今，行政法律关系仍然未被学者重视，有学者认为行政法律关系是最典型的隶属型法律关系，因为其双方法律地位是不平等的。实际上，这种看法相当片面，而且与我国行政法制发展的实践并不匹配。因此，我们将在多个章节重点研究行政法律关系的概念、意义、基本类型、主要特征等，推动行政法律关系理论研究的进一步发展。

我国行政法学界通过长期的理论研究，对行政法律关系的定义有各种观点和看法，有些观点的分歧较大。在20世纪90年代以前，学界对行政法律关系的定义主要围绕五个方面作出：第一，认为是行政法律规范所确认的具体社会关系；第二，认为是各种行政法律规范中规定的权利义务关系；第三，认为是指为我国行政法律规范所确认和调整的、依职权进行行政管理的国家行政机关以及经授权或委托而进行行政管理的其他行政管理主体在国家行政管理过程中同其他国家机关、企业和其他经济组织、事业单位、社会团体和组织、公民、我国有权管辖的在华外国人和无国籍人之间以及行政机关内部所形成的行政法律意义上的权利义务关系。[1]
第四，认为是行政机关在依法履行职责时与其他机关、团体和公民之间所发
生的关系；第五，认为是行政法规范调整的因实施国家行政权而发生的权利
义务关系，包括了行政主体之间、行政主体与行政人员之间、行政主体与其
他国家的机关、组织和个人之间等。

进入 20 世纪 90 年代以后，我国行政法学界逐渐对行政法律关系问题有
了一致看法，认为行政法律关系由行政法律规范确认和调整的行政主体在履
行行政职能时形成的各种社会关系，是一种具体的法律关系。但是，在此类
社会关系的具体范围上，学者们也产生了各种不同看法，以下是六种典型的
观点：

观点一：行政法的特定调整对象是行政关系和监督行政关系，是因国家
行政机关行使其职权而发生的各种社会关系。行政法律关系及监督行政法律
关系则是行政法调整行政关系及监督行政关系的结果。其中，行政法律关系
是指由行政法规范调整，受国家强制力保障的行政关系。[2] 但是把两种法律
关系并行处理会引起学术用语的混乱。

观点二：行政法律关系是行政法规范对行政主体在实现国家行政职能范
围内的各种社会关系加以调整而形成的行政主体之间以及行政主体与其他方
之间的权利义务关系，具体包括行政权力配置法律关系、行政管理法律关系
和监督行政法律关系。[3] 这一观点理解更加宽泛，认为经行政法规范调整后，
各种社会关系将更加形式多样、内容丰富。

观点三：行政法律关系是行政法规范调整的，因实施国家行政权而发生
的行政主体之间、行政主体与行政人员之间、行政主体与行政相对人之间的

---

[1] 许崇德等：《新中国行政法学综述》，法律出版社 1991 年版，第 54—56 页。

[2] 罗豪才：《行政法学》，中国政法大学出版社 1996 年版，第 9—10、17 页。

[3] 袁曙宏等：《行政法律关系研究》，中国法制出版社 1999 年版，第 7 页。

权利义务关系。[1] 这是大多数行政法教科书采用的观点。主要包括内部行政法律关系和外部行政法律关系，也就是行政主体之间、行政主体与行政人员之间的关系，以及行政主体与行政相对人之间的关系。

观点四：行政法律关系是法（主要是法律规范）对与国家行政权力的信托和运行高度相关有价值意义的部分社会关系进行规范和调整之后所形成的以权利义务为其内容的、具有国家意志属性的、由国家强制力作为保障的社会关系。[2] 这一概念并无多少创新本质，但这种随意创造新概念的做法反而导致了学术用语的混乱。

观点五：行政法律关系是指基于行政法律规范的确认和调整而在行政关系当事人之间形成的权利义务关系。此处的"行政关系"是指行政权力的创设、行使以及对其实施监督过程中所发生的各种社会关系。[3] 这一观点出现先后矛盾的地方，具体论述行政法律关系时，又认为监督行政的法律关系与行政法律关系并不相同。

观点六：行政法律关系是指行政机关在实现国家行政职能过程中，因行政职权的配置、行政职权的行使和对行政的监督，经行政法调整之后所形成的权力机关（国家）与行政机关之间、行政机关相互之间、行政机关与公务员之间、行政机关与行政相对人之间、行政机关与各监督主体之间的权利义务关系。[4] 这是目前对行政法律关系最为宽泛的定义。

上述六种观点体现了我国行政法律关系概念的演变过程，似乎越来越多的学者对行政法律关系的理解比较宽泛。这表明了学界对行政法定义范围的关注，希望突破传统的定义，取得更新的研究成果。

---

[1]　胡建淼：《行政法学》，法律出版社 1998 年版，第 27 页。

[2]　杜详平：《行政法律关系探微》，载《行政法学研究》2000 年第 3 期。

[3]　王连昌：《行政法学》，中国政法大学出版社 1997 年版，第 25、3、27 页。

[4]　王成栋：《行政法律关系基本理论问题研究》，载《政法论坛》2001 年第 6 期。

笔者认为：行政法律关系是行政权力的行使而形成的行政主体与其他当事人之间的权利义务关系，是通过行政法规范确认和调整的。"法律关系就其原型来说是社会的经济关系、家庭关系、政治关系等，这是法律关系原初的属性。"行政法律关系原初的属性就是当行政机关及其他公务组织行使行政权力时，与其他当事人之间发生大量的社会关系，是行政主体与其他当事人之间的权利义务关系，由行政法律规范确认和调整一定社会关系之后形成的。实质上，行政法律关系指的是在行政意义上，行政主体与其他当事人之间的权利义务关系。

（一）行政法律关系的分类

我国行政法学界对于行政法律关系的分类达成了一些共同的看法。以下三种分类即是比较常见且具有现实意义的：一是将行政法律关系划分为内部与外部行政法律关系，这是以法律关系主体的隶属关系或行政权力的作用范围来划分。二是划分为行政实体和行政程序法律关系，这是以法律关系的属性来划分。三是划分为原生行政和派生行政法律关系，或直接称为行政管理与监督行政法律关系，这是以法律关系的形成原因来划分。

除此之外，还有一些更加细致的分类，例如分为第一性（原初性）法律关系、第二性（保障性）法律关系和第二性（补救性）法律关系，积极与消极的行政法律关系，模式性行政法律关系、现实性行政法律关系，单一与复合（或多重）行政法律关系，财产性与非财产性行政法律关系，等等。[1] 这些分类有助于更全面地理解行政法律关系，但是也存在过于细分，并无实际指导意义的问题。因此我们应该从复杂繁冗的分类中，以现实需求的角度分类，指导行政法制的实践。

---

[1] 上述分类可参见前引袁曙宏等：《行政法律关系研究》，中国法制出版社1999年版，第42—48页；前引熊文钊书，第80—82页。

笔者认为行政法律关系的分类可以从两个角度来讨论。

1. 一般与特别权力义务关系

一般权力关系是指基于国家在实施对公民在法律上的一般管辖时而与公民所发生的权利义务关系。例如，所有公民都必须遵守交通规则，服从警察指挥交通。而特别权力关系是指行政主体与具有特定身份的行政相对人之间所引发的权利义务关系，通常是基于特别的法律原因、为实现特殊的目的。例如，为阻止传染病的蔓延与扩散，医疗机构需要对传染病患者采取强制隔离治疗。两者产生的权利义务关系就有所不同，其区分的意义在于权利义务和救济途径的不同。在一般权力关系中，双方权利义务对等，可以通过司法途径解决争议。但在特别权力关系中，双方的权利义务不对等，一方享有更多的权利，另一方则负有更多的义务，这时候一般不能通过诉讼手段解决。这种区分在实务中的情形比较多。

2. 行政管理、行政合作、行政服务、行政补救、行政指导与监督行政法律关系

当代中国经济和政治体制改革日益深入，出现了大量的新型行政方式、手段，行政法律关系呈现多样化的发展，行政相对人的法律地位已经有了明显提高，在负有服从义务的同时也享有越来越多的权利。

行政合作法律关系是一种新型行政方式和手段。行政主体与行政相对人双方的权利义务基本对等，在充分协商取得一致的基础上进行合作，既享有约定的权利，同时也履行相应的义务。随着国家推行福利行政，行政主体有责任为行政相对人提供更多更好的服务。例如，创造再就业机会、修建维护公共设施、推广先进农业技术等。因此，在行政服务法律关系中，行政主体负责提供服务，而行政相对人则享有接受服务的权利。行政补救法律关系是因行政相对人享有接受补救的权利，行政主体承担着履行补救的义务，而行政相对人则享有获得相应补救的权利。例如，行政补偿、行政复议、行政信访、

行政诉讼、行政赔偿等。行政指导法律关系对行政相对人不具有法律上的约束力，行政主体有责任作出行政指导，但行政相对人可以选择是否接受指导。行政监督关系是法定的机关或行政相对人有权对行政主体及其公务人员进行监督，而后者有义务配合接受监督。行政相对人可以基于维护其自身的权益或维护公共利益而启动对行政主体及其公务人员的监督程序。

（二）行政法律关系的基本特征

有学者认为，在法律关系中，行政主体处于主导地位，行政相对人则处于从属或服从地位，即主体双方所处的法律地位是不对等的。[1] 笔者认为，行政法律关系的基本特征主要体现在以下四个方面。

1. 主体的多样性和稳定性

主体多样性是指主体在不同类型的关系中以不同的法律身份或角色出现，包括权力行使者、指导提供者、补救义务履行者等，与此对应的是关系的另一方也有多样的角色，包括服从管理者、选择指导者、接受补救者等。主体稳定性是指构成行政法律关系上的一方必然为行政主体。因为行政法律关系本身就是基于行政权力的行使而发生的。

2. 权利义务的对等性和不对等性

所有法律关系的主体双方在法律地位上都应当是平等的，应平等地受到法律保护，双方当事人的实际政治地位或社会地位的差异并不意味着二者法律关系的不对等。权利义务的对等性是指行政法律关系主体双方均需要相互行使权利并履行义务，而非一方只享有权利而另一方只履行义务。不对等性是指行政法律关系主体双方的权利义务在质和量上并不对等。这是行政法律关系一个重要的特征。

---

[1] 马怀德：《行政法与行政诉讼法》，中国法制出版社 2000 年版，第 97 页。

3．权力的处分与制约

在行政法律关系中，作为一方当事人的行政主体，其所享有的行政权力是法定的、不可分割的。相对于行政相对人来说，它是一种职权（或权利），但相对于国家与社会来说，它又是一种职责（或义务），因而是职权与职责、权利与义务的统一。[1] 因此，行政主体不能随意地处分、放弃、转让权力。如果行政主体或者其他国家机关放弃了自己应当行使的权力就属于典型的失职行为。对于另一方行政相对人来说，其在行政活动中所享有的权利受到了限制。例如，传染病患者本人可能会被强制隔离，当发生严重传染病疫情时，也可能会相应地限制其他社会成员的人身自由。

4．安定与稳定性

在现代社会，法律的安定性已经成为厉行法治的基本要求之一。[2] 法律的安定与稳定性要求立法的稳定性，以及法律的适用下的各种社会关系的长期稳定性。例如，法院的终审判决形成的稳定的社会关系。但是行政法律关系的稳定性变动更为频繁，社会生活发生了新的变化，行政主体就有可能调整甚至废止已经形成的行政法律关系。

（三）特别权力关系理论研究

特别权力关系是大陆法系行政法学上的一个特有概念。按照国内外通行的理解，特别权力关系是指行政主体基于特别的法律原因，为实现特殊的行政目标，在一定范围内对行政相对人具有概括的命令强制权力，而行政相对

---

[1]　学者关于"行政主体实体上的权利义务是重合的"的表述即是行政法律关系上述特征的反应。参见前引罗豪才书，第 25 页。

[2]　正如西哲拉德布鲁赫所言，正义、合目的性和法的安定性是法理念的三大要素。参见拉德布鲁赫：《法学导论》，米健等译，中国大百科全书出版社 1997 年版，第 7 页。

人有服从义务的行政法律关系。

19世纪后半叶的德国法学者首先明确地提出特别权力关系概念，并指出人民对国家发生勤务的义务有三种情形：其一是基于私法上雇佣、委任或承揽契约而发生的关系，这是一种当事人之间处于平等地位的关系；其二是基于不经当事人自由意思表示的决定而纯基于权力关系发生的服勤务关系；其三是前述第一与第二种情形的混合而产生的勤务关系。二战前日本的行政法学深受德国的影响，在德国固有的特别权力关系理论也成为日本行政法学的构成部分。如同其他领域的法学一样，我国的行政法学也受到了德日等国学者的影响。源自德国的特别权力关系理论在20世纪二三十年逐渐对我国产生了影响。此后，特别权力关系理论一直盛行于我国台湾地区行政法学理及实务中。

正是由于特别权力关系是因法律的强制规定、行政相对人的同意或特定事实的发生而形成的，因而与一般的权力关系相比，它的基本特征表现为以下两个方面：

其一，行政相对人义务的不确定性。法治国家的内在要求之一是公民能够按照法律的规定预见自己所负义务的内容和行为的后果。但在特别权力关系中，由于权力人享有概括的权力，因而在为实现其特定行政目的的范围内，可以随时限制行政相对人的权利或对其科以新的义务；作为行政相对人来说，在此范围内只能负有事先无法确定的服从义务。

其二，行政主体享有自订特别规则和实施相应惩戒权。依法行政要求行政主体遵守法律保留原则，即凡是涉及对公民基本权利进行限制的行为都必须有法律的明文规定，或以法律授权的法规命令作为依据。但在特别权力关系中，法律保留原则却被排除适用。即使没有明确的法律规定或授权，行政主体照样可以自行设定特别的规则来约束行政相对人，对其所享有的权利进行限制，并对违反特别规则者实施惩戒。

自二战结束以来，德国、日本等大陆法系国家和我国台湾地区行政法学理都先后对传统的特别权力关系理论进行了重新审视，从而使特别权力关系理论有了一系列新进展。因此，简要回顾上述国家和地区特别权力关系理论的发展，有助于为我国行政法学理和司法实践理论提供参考。

1．德国

二战后，德国制定了基本法。例如，德国制定的基本法第十七条即规定："军人之迁徙及意见表示等自由权利，除法律另有规定外，不得受到限制。"这一规定显示作为传统特别权力关系之一的军人权利同普通公民的基本权利一样，应当适用法律保留原则。因此，德国学理上对特别权力关系内的处分是否都要按照行政诉讼程序进行救济展开了激烈争论，并形成了"否定说""肯定说""折中说"等不同的观点。然而各种观点莫衷一是，部分学说存在如基本法律关系之间标准模糊等问题。因此，即便是在分析上述学说中，如果涉及人权的重要事项，也必须有法律规定，以便公民在基本权益遭到侵犯时可寻求法律救济。

2．日本

二战后的日本在法制建设方面深受英美法系的影响，强调法律的支配原则。日本学界也形成了"否定说""肯定说"和"折中说"三种不同的主张。其中，"折中说"在目前的学理上处于通说的地位。可见，日本战后对传统特别权力关系理论的反思也受到了德国战后理论和实务的影响，两国呈现了几乎一致的发展趋势。

3．我国台湾地区

我国台湾地区学理及司法实务在二十余年的时间里一直固守传统的特别权力关系理论，从而造成法治的一大漏洞，使特别权力关系之下的相对人处于如同旧时代统治客体的地位。从台湾地区在这一问题上的研究不难看出，特别权力关系理论呈现出三个方面的发展趋势：第一，特别权力关系的适用范围逐渐缩小。第二，特别权力关系相对一方基本权利的限制应当具有法律根据。换言之，任何依据行政主体内部的管理规则对相对人基本权利进行随意处置的做法都是现代法治所不允许的。第三，特别权力关系事项接受司法审查的可能性日渐扩大。

可以预见的是，虽然各国家或地区在司法介入特别权力关系的广度和深度上还做法不一，但是，随着各国家或地区行政诉讼制度的进一步完善，因特别权力关系而引发的行政案件将日益增多。

二、行政主体理论的研究进程

我国传统的社会结构已经发生深刻变化，当今世界公共行政飞速发展，我国现行的行政主体理论影响着行政复议、行政行为、行政诉讼等相关领域问题的研究。在系统梳理相关学术文献及制度实践的基础之上，笔者研究了中国现行的行政主体理论，并尝试指导未来发展的方向。

笔者就现行行政主体理论的内容、发展历程、困境与挑战进行深入的探讨和描述，详细考察我国的行政主体理论，以展现全面、详细的行政主体理论。

（一）现行行政主体理论的提出

20世纪80年代之前，我国行政法学理上主要是以"行政机关"或"行政组织"用来指称有关行政管理的主体，并由此引申出行政行为、行政法律责任等相关的基本概念。[1]行政机关的概念在当时基本符合行政管理实践，但随着不断深入研究相关理论，也逐渐明显发现了其内在的缺陷。在不同的法律关系中，行政机关具体的身份不同，法律地位也不同。例如行政机关可

---

[1] 例如，在20世纪80年代我国大陆两本最具影响力的行政法学教材中，"行政机关"概念即充斥于全书的始终，参见王珉灿：《行政法概要》，法律出版社1983年版；罗豪才：《行政法论》，光明日报出版社1988年版。在这些教材中，行政行为通常就被表述为行政机关实施的行为，行政法律责任的承担者通常就是行政机关，等等，可以说，行政机关是理解行政法上其他重要概念的前提性工具。

以成为民事法律关系的一方当事人，以"机关法人"的身份从事民事活动，也可以行使行政职权，以"管理者"的身份进行管理活动，还可以接受行政管理，以"被管理者"的身份参加某些行政活动。行政机关的身份多样性造成身份无法自动识别以及造成各种误解。此外，经过法律、法规的授权之后某些特定的社会公共组织也可以独立从事行政管理活动。而行政机关概念无法进行定义或解释。行政机关概念的局限性还表现在确定案件的被告有一定的困难。原先的行政机关概念无法阐释行政相对人对行政行为不服时提起的行政诉讼，应当以谁为被告的问题。这一时期，法国、日本关于行政主体的理论相继引入了我国，行政主体的概念能回应行政诉讼理论及实践的需要，解决了原来行政机关概念的局限性，因此在我国大陆学界获得了较高的认受性。[1]

因此，行政机关概念的局限性以及国外行政主体理论的影响，决定了我国引入行政主体的概念，同时也因为其特殊的功能，也限制了行政主体理论的进一步发展。

（二）我国现行的行政主体理论

我国现行行政主体理论是在法国、日本等国的行政主体概念的基础上按照中国特色和具体国情进行了适当的修改，主要分成五个方面的内容。[2]

---

[1]　在 20 世纪 90 年代，即便是在当前，国内出版的行政法教材都无一例外地吸收了行政主体概念，并形成了自身独特的行政主体理论。

[2]　耐人寻味的是，自 1989 年行政主体理论在我国大陆形成以来，一直都没有得到多少发展，坊间各种行政法学教材对行政主体理论的描述均表现出惊人的雷同，以王连昌主编的高等政法院校规划教材《行政法学》为例，该书 1994 年初版与 1999 年第二次修订版在行政主体理论的表述上，除了结构有所调整、语言长短有所变动以外，核心内容几无任何实质性的变化。

1. 行政主体的定义

行政主体的定义一般来说包括四个方面：①行政主体不能是个人，必须是组织；②行政主体必须具备行政职权；③行政主体行使行政职权必须能够以自己的名义进行；④行政主体必须能独立承担法律责任。

2. 行政主体的分类

行政主体一般是两类组织：一是"职权行政主体"，即国家行政机关，包括国务院、国务院组成部门、国务院部委管理的国家局、国务院直属机构、地方各级人民政府等；二是"授权行政主体"，即法律、法规授权的组织，包括经法律法规授权的派出机构及临时机构，行政机关的内部机构，以及法律法规授权的社会团体、行业协会、基层群众性自治组织、企事业单位等其他社会公共组织。

3. 行政主体的资格构成要件

行政主体资格的构成要件主要有三方面的内容：①具备一定的组织机构和职位人员编制；②拥有法定的职责权限；③依照法定权限和法定程序而设立的组织；④能够承担法律责任并以自己的名义独立行使行政权。

行政主体资格可以通过宪法和行政组织法的有关规定取得，也可以通过其他单行法律、法规的授权而取得。

4. 行政主体的地位

行政主体的法律地位是职责与行政主体职权的综合体现。在行政职责方面，学理上着重分析了行政权限；在行政职权方面，学理上还着重探讨了行政优益权。

5. 行政主体的职务关系类型

行政主体的职务关系主要有三种类型：公务协助关系；领导与被领导关

系，以及指导与被指导关系。

（三）现行行政主体理论的发展

在 20 世纪 90 年代国内出版的诸多行政法学教材中都有关于行政主体理论重要意义的论述，如一种颇具代表性的观点即认为，确立行政主体概念是依法行政的需要、是确定行政行为效力的需要、是确定行政诉讼被告的需要、是保证行政管理活动连续性和统一性的需要。[1] 笔者认为，可以从以下三个方面展现行政主体理论在我国行政法学理论研究及实务领域的发展。

1. 先前概念的影响

我国的行政法学先天就受到宪法学、行政学等学科的影响，尤其是先前行政机关概念的局限性，使得在实际运用过程中未能清晰化行政法学与行政学的研究视角，彰显行政法学的专业特点。

2. 新概念的提出

"行政主体"概念的提出意味着一种新观念的诞生，"行政主体＝行政机关＋法律、法规授权的组织"这一新的表述使得一些非行政机关的社会组织行使管理权的行为也被纳入了行政法学的研究范围，突破了原先的行政机关概念在解释行政权力实际行使者上的局限性。重要的一点是，"国家垄断行政权力"的传统观念已经被动摇，"行政权力的社会化"则受到了行政法学的关注，"法律、法规授权的组织"视为行政主体的一部分。实际上，行政主体概念与公共行政发展的现实更加吻合，虽然这或许并不是学界一种自觉

---

[1] 见罗豪才：《行政法学（新编本）》，北京大学出版社 1996 年版，第 61—62 页。这一观点得到了很多学者的赞同，如胡锦光等所著《行政法专题研究》、袁曙宏等所著《行政法律关系研究》即持近似的看法。参见胡锦光等：《行政法专题研究》，中国人民大学出版社 1998 年版，第 109—112 页；袁曙宏等：《行政法律关系研究》，中国法制出版社 1999 年版，第 57—59 页。

的"集体行动"的结果。[1]新概念的提出是行政主体理论的重要学术贡献，也是对真实行政法世界相对合理的解释。

3. 指导司法实践

行政诉讼立法及其运作实践中对于行政诉讼被告资格确认的需要是行政主体理论的最初动力，对司法实践中如何认定行政诉讼的被告需要发挥实际的指导作用，这对于行政相对人还是受案法院来说都将产生清晰、简明的功效。事实上，行政主体在特定历史阶段对司法实践起着重要的指导作用。

（四）现行行政主体理论的局限性

早前，国内比较敏感的学者就曾率先打破沉寂，尖锐地指出了现行行政主体理论的内在不足及其所带来的负面影响。[2]随着公共行政改革的不断推进和行政诉讼实践的飞速发展，现行行政主体理论在行政法制实践的需求时，显现出了局限性，主要表现在三个层面。

1. 行政主体概念的不确定性

现行行政主体概念存在着诸多的不确定性。首先，尽管学理上将其归纳

---

[1] 原因在于：在计划经济色彩尚十分浓厚的 20 世纪 80 年代末期，我国行政法学者还难以把握行政权力向社会大量转移的发展态势。事实上，"行政职能社会化"直到近几年来才被响亮地提出。例如，在 20 世纪 90 年代末期出版的一本颇有影响的行政法学教材中，论者在阐述法律、法规授权的组织行使行政职能的缘由时，就提出，根据民主发展的趋势，国家职能将不断向社会转移，国家应尽可能将一部分可能社会化的行政职能社会化。参见姜明安：《行政法与行政诉讼法》，北京大学出版社·高等教育出版社 1999 年版，第 110—111 页。

[2] 参见前引薛刚凌《我国行政主体理论之检讨——兼论全面研究行政组织法的必要性》一文，论者认为现行行政主体理论存在三方面的问题，即行政主体的概念不科学、责任定位错误、资格条件过低；同时，论者还进一步指出其所造成的负面影响：不利于公民在行政法上主体地位的确定、阻碍了学界对行政组织法的全面研究、阻碍了行政组织法的法治化进程。虽然论者的某些批评与质疑难免有"吹毛求疵"之嫌，但该文的发表却揭开了我国学界认真反思现行行政主体理论的序幕，因而具有很高的学术价值。

为职权、组织、责任和名义要素，就行政主体概念来说，起决定性作用的还是职权要素。按照现行行政主体理论，行政主体的关键在于是否具有行政职权。[1] 问题在于，行政法学理未能提供明确的客观标准以判断组织是否具有行政职权。所以说，行政主体概念比较模糊。其次，除行政机关之外，在"行政主体＝行政机关＋法律、法规授权的组织"中，授权组织也是一个无法确定的概念。我国最高人民法院在《行政诉讼法》新司法解释中明确将"规章授权"视为行政主体。[2] 这里行政主体的概念得到了扩大，有利于行政诉讼实践，但也表明了行政主体概念自身的不确定性。

2. 行政主体概念的困境

中国自改革开放特别是在 20 世纪 90 年代确立社会主义市场经济体制的改革目标之后，政府简政放权，大量非政府的社会公共组织在众多的行政管理领域"崭露头角"，这与西方各国所谓的"公务分权"十分类似。[3] 因此，未来将普遍存在非政府的社会公共组织行使权力、履行公共行政职能。而行政法学必须更加关注基于特别法律规范授权或依章程行使公共权力或者履行

---

[1]　特别是随着最高人民法院《关于执行〈中华人民共和国行政诉讼法〉若干问题的解释》的公布实施，这种趋势更为明显。根据该解释第一条的规定，公民、法人或者其他组织只要是对"具有国家行政职能"的组织所做的行政行为不服，都可以提出行政诉讼。主持该项解释起草工作的最高人民法院副院长江必新（时任最高人民法院行政审判庭庭长）即认为，"具有行政管理职能"是行政主体最根本的特征。参见江必新：《中国行政诉讼制度之发展——行政诉讼司法解释解读》，金城出版社 2001 年版，第 211 页。

[2]　见最高人民法院《关于执行〈中华人民共和国行政诉讼法〉若干问题的解释》第二十、二十一条的规定。

[3]　道晖教授曾将与此有关的行政权自身的分权现象进一步区分为"分权"与"还权"。其中，"分权"是指"把原本属于政府的部分行政权力，分给非政府组织去行使，以减轻政府的权力负担，也充分运用非官方或半官方组织所拥有的雄厚的社会资源，更好地去完成某一方面的行政任务"；而"还权"则是指"将国家（政府）所'吞食'的社会权力与权利'还归'于社会"。参见郭道晖：《法治行政与行政权的发展》，载《现代法学》1999 年第 1 期。不管是分权还是还权，都意味着中国政府的权力正实现从单中心的政府管理走向多中心的自主管理。

行政职能的活动的组织。因此，行政法学应对这些组织作出确当的定位。但"法律、法规授权的组织"这一概念对于在什么主体按照什么标准向哪些组织授权等一系列的问题未能作出解决。[1]尤其在很多情况下，某些社会组织行使公共管理权力，但实际上却并未得到明确的法律、法规授权，那么此时就无法用"法律、法规授权的组织"进行解释。因此，公共行政改革使现行行政主体理论陷入了困境，遇到了重大的挑战。

3．行政主体概念的负面影响

随着我国《行政诉讼法》的进一步实施，行政主体概念在行政诉讼被告资格确认方面暴露出了负面的影响，甚至妨碍了行政诉讼制度进一步健康发展。作为行政诉讼主体之一的被告的确定更多地考虑的是当事人诉权行使的便利，行为者实际地行使了行政权力就应当成为被告，即使这并不意味着必须实际承担最终的责任。行政主体强调的是某一组织具有行政法上的独立人格，体现的是权力的行使与责任承担保持一致。很多情况下，诉讼主体可以独立于行政主体。无论是否行政主体充当行政诉讼的被告，最终的实体责任都是由相同的行政主体承担，因此，硬性地将行政主体与行政诉讼的被告"捆绑"在一起是混淆了两个不同的范畴，阻碍了相对人实际行使行政诉讼权。因此，这体现了现行行政主体理论相对滞后。

因此，21世纪之初，中国行政法学研究的一项重要任务将是结合中国公共行政改革的实践以重新构筑行政主体理论。

（五）重构思路的反思

综观几年来国内学者有关行政主体理论重构的研究，大致有三种不同的

---

[1]　有关对"法律、法规授权组织"概念更为深入的质疑，可参见沈归：《重构行政上体范式的尝试》，载《法律科学》2001年第6期。

完善思路或具体方案。[1] 以下将逐一进行解读。

1．关于"引入西方行政主体说"

这一主张的代表者薛刚凌教授指出了我国现行的行政主体理论存在着四个方面的弊端：第一，混淆了行政机关和个人在行政领域的地位；第二，不利于我国对西方国家行政主体制度的吸纳；第三，忽视行政管理统一协调的内在要求；第四，掩饰了我国行政组织无序的现状。在此基础上，论者分别从必要性（直接民主、正确解决中央与地方的关系、国家稳定发展、提高行政效率及有效控制行政权）及可行性（经济体制改革、民主法治发展、宪法的规定及西方的经验）两个方面论证了中国需要且完全可以借鉴西方的经验，建立以地方自治、公务分权为核心的行政主体制度。[2]

我国从法国、日本移植了行政主体概念后根据实际情况进行了改造。[3]因此，中国语境之下的行政主体概念作为一种"地方性知识"，具有浓厚的"地方性"特色。但是，如果把中国现行的行政主体理论采取以西方的行政主体理论作为参照系来改造，以便于相互之间的交流，实现中西行政法学在行政主体理论上的"趋同"，从而使其成为一个正式的法律概念，那么将可能产生一些实际问题：

首先，当代中国仍然不具备西方行政主体理论所赖以生存的基础。中国目前的宪政状况并不理想，中央与地方、国家与社会之间的分权发展缓慢，

---

[1] 要指出的是，下文对国内学者有关行政主体理论重构思路的归纳是一种"引伸式"的处理。这种做法往往有曲解的危险。但为了理论概括的需要，我们依旧沿用了这种类似"贴标签"的方法，如有疏漏或误读之处，敬请有关著者谅解。

[2] 相关论述可参见前引薛刚凌《行政主体之再思考》一文，另可参见应松年、薛刚凌：《行政组织法研究》，法律出版社 2002 年版，第 106—131 页。

[3] 细心的读者会发现，时下国内出版的行政法教材中有关行政主体概念的界定与王名扬先生在《法国行政法》一书中的定义就有很明显的差异，关于中西行政主体理论更为细致的比较研究，可参见上引李昕：《中外行政主体理论之比较分析》，载《行政法学研究》1999 年第 1 期。

因此不能盲目地照搬域外的行政主体理论，否则将难以发挥其应有的学术及制度功能。

此外，中国行政改革中所遇到的诸多问题都是西方国家所没有过的，远非西方行政主体理论所能够解决的。例如，中国当前特有的事业单位改革就牵涉到事业单位的功能、政府与整业单位的关系、事业单位的法律地位等十分复杂的问题。又如，众多从中央到地方设有临时性机构往往行使多项职权，甚至凌驾于正式的行政机关之上，需要有效控制这些机构，从法律上正确对待这些机构的性质与地位。很显然，这些"中国式"的问题需要通过不断的改革和探索才能解决。由此可见，"引入西方行政主体说"并不具有多少可行性。

2. 关于"扩大内涵外延说"

在国内行政法学界，很多学者主张应改造现行行政主体概念的要素，从而重构行政主体理论。例如，有的学者指出，我国行政法学理论上行政主体的概念相当于大陆法系国家行政厅、行政官厅、行政机关的概念，只能算作代表主体；不应该将特定的职位甚至具体的自然人排除在行政主体概念之外。代表主体概念宜用"执行行政"取代通说中的"行使行政权"或者扩大解释行政权。因此，行政主体的范畴宜定义为："依法以自己的名义，代表国家、地方自治团体或其他具有行审务的独立团体对外为行政意思表示（或'对外行使行政职权、履行行政义务、承担行政责任、担当争讼当事人'）的组织体或职位。"[1] 还有的学者认为，虽然现行行政主体概念的表述可以维持，但其中的"行政权"已经不仅仅指国家行政权力，还包括社会公行政权力；"行政管理活动"不仅指国家行政管理活动，还包括社会管理活动。如此一来，行政主体的范围既包括作为国家行政上体的行政机关，又包括法律、法规授

---

[1] 参见朱新力：《对行政主体内涵的审视》，中国行政法学会1998年年会论文；后收入其著《行政违法研究》，杭州大学出版社1999年版，第231—241页。

权的组织等。更有甚者主张行政主体就是指"行使行政职权的组织及其个人"，包括名义行政主体（即现行行政主体概念）、过渡行政主体（行政机构、受委托组织）、实际行政主体（行政公务人员）。[1]我国现行行政主体概念无法与现代行政分散化、多样化的发展趋势相适应，内涵和外延都显得较为狭窄。因此，重构行政主体理论的重要环节应赋予行政主体概念新的内涵并以此扩大外延。

3. 关于"循序渐进重构说"

在国内有关行政主体课题的研究中，有的学者则分析了现行行政主体理论应当注意的基本问题和局限，相比较上面两类直截了当的改造来说，这类研究可以称为"循序渐进重构说"。行政主体理论的重构取决于经济、政治、行政管理体制改革逐步深入，中国社会的转型仍然要经历一个相当长的时期，行政主体理论的重构也不能一蹴而就。因此"循序渐进重构说"就当下中国特定的情境而言，也是比较明智的选择。我国现行行政主体理论应当循序渐进地改革。

三、行政主体理论的未来发展方向简述

任何关于行政主体理论重构的设想都应该符合现代中国社会结构的变迁，适应当前公共行政的改革。否则，脱离现实的行政主体重构就极有可能

---

[1] 前引杨解君《行政主体及其类型的理论界定与探索》一文。此外，我国学者姚锐敏先生也认为，不宜过分夸大"名义"在认定行政主体中的作用。因为行政主体归根到底是个实质性问题，而不是一个形式或名义的问题。从行政管理的实践来看，行政相对人衡量和判断行政者是否是行政主体，一般并不是看它以什么名义活动，而只看其是否具有实施特定行政活动的资。现行行政主体理论在一定程度上解决了法律责任承担方面面临的某些技术上的困难，但它没有也不可能从根本上解决行为主体与责任的衔接问题，也无法合理解释我国法律责任制度的现实状况，可以将行政主体的范围从行政机关和法律、法规授权组织扩大到行政公务人员以及受行政机关委托的组织。参见其著《依法行政的理论与实践》，法律出版社 2000 年版，第 32—38 页。

沦为一纸空谈。因此，我们应该先详细分析我国社会背景下公共行政改革的情况。

（一）社会背景分析

随着经济体制改革，我国的社会结构形式和行政管理体制发生深刻的变化，行政主体逐渐变得多样化，行政权力分散，社会化、社会结构日益多元化，公共行政领域的变革促使现行行政主体理论进行改造。在重构行政上体的理论研究中，应着重注意由公共行政改革所引起的以下变化。

1. 行政分化的趋势

20 世纪 80 年代之初的改革开放打破了自古代以来的泛行政化的格局，随着农村和城市进行了经济体制改革，政企、政社相继分开，中央政府权力逐渐下放到地方或基层政府，甚至部分地还权于社会。于是，非政府社会公共组织大量涌现，这些组织弥补了政府管理能力的不足，通过灵活性、多样性、公益性、中介性、开放性等特点，在沟通政府、市场、社会成员之间的关系等方面都发挥了重要的作用。它们改变了国家垄断公共管理职能的状况，见证了社会行政的增长，使行政管理职能的社会化日益成为时代的潮流。

2. 多元社会结构的发展

传统的单一制社会结构模式下，只有国家和政府才具有合法的主体地位，政企、政事、政社不分，所有单个的公民和组织都被淹没其中，而自从引入了市场和自治观念，加速了单一化社会结构的解体，政企、政事和政社的分离，社会三大领域的主导力量是政府、市场和社会公共组织，这时多元社会结构便逐渐形成，完善了社会治理，推动了经济快速发展，同时也提升了政府的威信和监管能力。社会结构的多元化成为了中国社会转型的重要标志。

3. 优化服务的推进

中国改革开放时呈现的是一个"全能型"的政府，功能定位即在于强化"管制"，主要的行政手段是命令与强制。政府通过制定严密的规则控制企业的经济活动，并限定一切个人和组织的活动。结果过度的管制窒息了社会及经济的发展，还抹杀了公民个人及各种组织自身的创造性。现在这十多年的改革，政府重新进行职能定位，转变政府职能，不断放松管制，优化服务，集中精力为社会成员和市场主体提供公共服务。此外，政府尽力吸收更多的组织和个人实际参与公共管理，以协商、对话、激励等方式吸收民间资本，引入小场竞争机制，提高公共行政的质量和效率。中国政府的职能已经历了一次脱胎换骨的过程，从强化管制到优化服务，服务主体、服务方式的多元化也将成为分析诸多行政法问题的新方向。

综上所述，现代社会行政主体呈现了多样化的发展态势，从泛行政化到行政分化、从社会结构的单一化到社会结构的多元化、从强化管制到优化服务。因此中国现行的行政主体理论应在二十多年来公共行政改革的宏观背景下进行重构发展。

（二）行政主体理论重构的目标

笔者认为，行政主体理论的重构的目标应该分为近期目标与远期目标。

1．近期目标

就近期而言，现行行政主体理论的重构应重新探寻行政主体理论的基点，实现逻辑分离行政主体与行政诉讼被告。行政主体在法律上具有独立的人格，既享有权力，同时必须承担最终的法律责任。此外，对于难以概括大量履行公共行政职能的社会组织，应该采用新的概念代替。在对行政主体范畴重新界定的基础之上，应处理行政主体与机关、机构、公务人员之间的关系。此外，行政主体理论的研究可以从探讨行政主体的类型及其功能的角度进行，分析其所享有的行政职权和担当的行政责任。也可以从组织构造的角度分析行政机构的设置、之间的关系。此外，行政主体理论的研究可以从探讨行政主体的类型及其功能的角度进行，分析其所享有的行政职权和担当的行政责任。也可以从组织构造的角度分析行政机构的设置、行政机关、权力分配及其关系，并研究行政公务人员职务行为的认定及其职务关系等。

2. 远期目标

由于目前我国行政主体理论的重构设想仍然处于暂时或阶段性，而中国的整体社会转型还需要更长的时间，通过政治体制的逐步改革，中国行政法的行政主体理论将很有可能面临再一次的重构。

第二章
行政法制建设问题研究

第一节 行政复议制度的发展历程

我国大陆的行政复议制度最早建立于 1990 年，行政复议能保障公民的合法权益，实现行政系统内部的自我监督，是公民、法人或者其他组织获得行政救济的一种重要途径。然而，行政复议制度在实践中暴露了很多缺陷，实施效果并不是很好。1999 年 4 月 29 日，《中华人民共和国行政复议法》出台，提升了我国行政复议制度的法律依据，并使行政复议成为一种独立的法律制度，著名行政法学者姜明安教授就指出："行政复议法对完善和促进中国现代制度文明，促进现代物质文明和精神文明均具有重要意义。"[1] 我国行政法学界对行政复议制度的理论研究发展缓慢，少有对行政复议的理论进行深入的研究探讨，直到近两年来，这种状况才略有改观。[2] 本章将主要围绕行政复议的基本原理、局限和缺陷性，以及行政复议制度的完善等进行论述。

---

[1] 姜明安：《行政复议：走向现代文明的制度架构》，载《法制日报》1999 年 9 月 30 日第 7 版。

[2] 杨小君教授的个人专著《我国行政复议制度研究》即是当前深入探讨行政复议"原理"的代表性著作，该书由法律出版社于 2002 年出版。

一、行政复议制度的原理简述

下文主要探讨行政复议的基本原理中的法律性质、制度优势及其与行政诉讼的关系。

（一）法律性质

诚如学者所言："行政复议的性质是行政复议的根本问题，它关系到设置行政复议制度、程序的内容、方向与模式，只有明确而恰当的定性，才会有自成一体的而不是自相矛盾的、正确的而不是偏差的制度模式与制度内容。"[1] 要正确认识行政复议法律性质，就必须考察整个行政法治的宏观背景，行政复议视为一种具有司法程序特征的行政活动，其法律性质体现在以下四个不同的层面上。

1. 公民权利的救济

我国现行《行政复议法》第一条"为了防止和纠正违法的或者不当的具体行政行为，保护公民、法人和其他组织的合法权益，保障和监督行政机关依法行使职权"，行政复议制度最根本的目的是保护公民的合法权益。在现实生活中，公民之间侵犯了彼此的权利时，可以通过协商、调解、诉讼或仲裁等解决。但是，当个人依法享有的基本权利遭到行政机关的侵犯时，就需要通过行政复议制度来保护公民权利，个人就可以通过申请行政复议切实维护自身的合法权益。

2. 行政纠纷的解决

行政复议制度就是为了解决行政纠纷而产生的。当行政行为作出之后，

---

[1]　杨小君：《我国行政复议制度研究》，法律出版社 2002 年版，第 1 页。

行政相对人对该行为的异议将引发现实的行政纠纷，因此就需要化解行政纠纷的方式。行政复议机关接受、审查和处理他人之间的行政纠纷就是整个行政复议的过程，行政复议制度是行政纠纷的一种解决机制，最低限度保证公正地解决行政纠纷。

3. 行政系统内的监督

从监督的角度来看，行政复议制度还具有重要的监督意义，可以说是一种行政系统内部的层级监督制度。"行政权力的运动是自上而下的放射状结构，且每经过一层中介，其放射都要扩大一定的范围；而各级权力行使者又常常产生扩大权力的本能冲动，这就使行政权力具有一种无限延伸的动力。"[1]因此，现代行政法需要采用一套严密的网络来监督行政权的行使。行政复议制度属于被动监督制度，是一种行政系统内部上下级之间的审查监督，有助于强化行政复议机关的法律责任，保障国家法律、法规的正确实施。

4. 行政责任的追责

行政复议就是一种追究行政机关违法责任的重要形式，通过审查被申请人所作出的行政行为，可以作出变更、撤销、确认违法、责令补正、责令限期履行等行政复议决定，使得违法或不当行使行政权力的被申请人承担最终法律责任。行政复议制度有助于落实有错必纠原则，促进社会法治的发展。

（二）行政复议的优势

行政复议是一种正式制度，比信访、诉讼等制度有明显的优势，主要体现在以下四个方面。

1. 成本低

正如学者所言："无论审判能怎样完美地实现正义，如果付出的代价过

---

[1]　张国庆：《行政管理学概论》，北京大学出版社1990年版，第227页。

于昂贵，则人们往往只能放弃通过审判来实现正义的希望。"[1] 就行政复议与行政诉讼这两种最重要的权利救济方式而言，行政复议比行政诉讼成本少且效益大。根据我国《行政复议法》第三十九条的规定，行政复议机关不得向申请人收取任何费用。相比行政诉讼需要支付诉讼费用、律师代理费、差旅费等，救济行政复议制度申请人可以"免费"启动权利救济程序，具有成本低廉、经济的优势。

2. 便捷

行政复议制度既没有行政诉讼那么多烦琐的诉讼程序，程序简便，申请方式灵活便捷，对于普通公民来说更加便利。申请人可以就近向当地的人民政府提出复议请求，还可以直接以口头形式提出复议请求，行政复议机关还能通过书面审查的方式作出最终的决定，等等。这些都使得行政复议制度具有更大的吸引力。

3. 效率高

行政复议原则上采取的是书面审查的方式，审理期限较诉讼更短，能够及时快捷地化解纠纷，从而更高效率地保障申请人获得有效的救济。

4. 效果好

行政复议机关对争讼行政行为的审查广度比较强，除了能够审查具体行政行为依据的规范性文件，还能够对其进行适当性审查。而且作为上级领导，行政复议机关可以运用必要的行政手段迅速查明案件，作出最终的处理决定。再者，行政复议机关对管理工作和专门性知识更加熟悉，能够有效彻底地解决专业性、技术性较强的行政纠纷。所以说，行政复议能彻底解决纠纷，能有效维护申请人的合法权益。

---

[1] ［日］棚濑孝雄：《纠纷的解决与审判制度》，王亚新译，中国政法大学出版社1994年版，第266页。

（三）行政复议与行政诉讼的衔接

一般来说，行政复议与行政诉讼之间的衔接关系有以下三种表现。

1. 前置型

行政复议前置型，指的是必须以经过行政复议程序为前提条件才能提起行政诉讼，即行政复议作为行政诉讼的先行程序。根据《行政复议法》第十六条第二款的规定，凡是法律、法规规定应当先向行政机关申请复议，对复议决定不服再向法院提起行政诉讼的，如果没有经过行政复议程序就直接起诉的，法院不予受理。也就是说，行政诉讼是否必须经过行政复议程序，需要由特殊的法律、法规来加以规定。

2. 选择型

行政复议与行政诉讼选择型，指的是可以自由选择采用行政复议还是行政诉讼来维护合法权益，提起行政诉讼前不需要经过行政复议。具体来说也分为两种不同的情形：一是选择受限型，当事人虽有自主选择权，但受到了很大的限制，指的是当事人可以自由选择行政复议和行政诉讼，但一旦选择了行政复议，就只能由行政复议机关作出终局裁决，不能再向法院提起行政诉讼。二是选择不受限制型，当事人有绝对的选择权，可以自由选择行政复议和行政诉讼，也就是说，当事人既可以选择先申请行政复议，对复议决定不服之后再提起行政诉讼，也可以直接提起行政诉讼。这种模式从尊重当事人的救济选择权来看是最合理的。

3. 独立型

行政复议与行政诉讼独立型，属于行政复议与行政诉讼衔接关系中的例外情形。指的是当事人没有选择的余地，只能通过行政复议或只能通过行政诉讼的方式解决行政纠纷。这种模式是因为立法上的遗漏或者是司法审查受案范围的限制等而形成的。分为两种类型：一是行政复议终局型，指的是当事人只能通过行政复议的方式寻求行政纠纷的解决，即使对行政复议决定不服，也不能提起行政诉讼。主要适用于省级政府确权的复议决定，侵犯公民政治性权利的行政行为，对不当具体行政行为所作的复议决定以及相关处理决定，对明显不当的具体行政行为所作的变更决定。二是行政诉讼型，指的是当事人只能直接通过行政诉讼的方式寻求行政纠纷的解决，而不能采用行政复议的方式。

综上所述，选择型更加尊重当事人的自主权，前置型可以科学地减轻法院负担、协调司法权与行政权的关系，迳行行政诉讼型更有助于充分保护当事人的合法权益，行政复议终局型则较为不合理。

然而，我国现行法律、法规的相关规定设置较为随意，令人无法理解。正如有的学者所分析的那样，在我国，不仅同一类型的案件适用不同的模式，而且同一机关管辖的案件也适用不同的模式。[1] 甚至于同一部法律、法规也时常作出不同的规定。但我国学界似乎还没有关注重构有关行政复议与行政诉讼之间的衔接关系。[2] 笔者认为，未来对于我国行政复议与行政诉讼之间衔接关系可以从四个方面进行重构：第一，让司法的力量更多地介入行政纠纷的处理，逐步取消行政复议终局型，维护公民的合法权益。第二，充分地发挥行政机关的专业和技术优势，限定于某些特殊的涉及较强技术性、专业性的案件才采用行政复议前置型。第三，迳行行政诉讼型仅仅限定于行政机关按照听证程序所作出的行政行为，有利于当事人直接提起行政诉讼，解决

---

[1] 参见陆春燕：《行政复议与行政诉讼关系简论》，载《行政法学研究》1998年第4期。

[2] 罕见的例外是，周汉华教授在一次有关于政复议制度改革的理论研讨会上曾提出过"一律实行复议前置"的观点，参见宋华琳：《推动行政复议的制度变革——"加入WTO后的中国行政复议制度"学术研讨会综述》，载中国公法网；此外，学者陆春燕也指出，可以保留现今的模式，但必须附加"同一类型的案件、同一机关管辖的案件适用统一的标准"以及"法规冲突时的适用规则"等，参见前引陆春燕文，第53页。

纠纷。第四，将救济权的选择交给当事人，大力推行不受限制的行政复议与行政诉讼选择型。我们应当相信当事人会作出理智的选择。

二、行政复议制度的再思考

《行政复议法》是在《行政复议条例》（已失效）的基础上修订而成的，在体系结构及内容安排上都有明显的变化，增加了很多新的内容，也删除了一些不利于申请人的规定。但是受各种条件的限制，该法本身还存在一些不足。

（一）行政复议制度的主要亮点

1. 原则设计更科学

根据《行政复议条例》第六、七、八条的规定，学术界通常将行政复议的基本原则概括为合法、及时、准确、便民原则，合法性与适当性审查原则，不适用调解原则。[1]《行政复议法》删除了合法性与适当性审查原则、准确原则及不适用调解原则，增加了有错必纠、保障法律法规实施、公正、公开以及司法最终原则。

这些增删与调整反映出立法技术水平的提高。笔者认为，"准确原则"的内容实际上已经包容了"合法性原则"，无须重复规定。合法性与适当性审查原则的内容仅适用于行政复议机关审理复议案件以及作出复议决定，不宜在"总则"中单独列出，只能算是行政复议的一项具体原则。不适用调解原则的规定纯属多余，因为在行政复议的过程中，不存在双方当事人就此进行妥协、商酌的余地，同样地，这也不能算作一项独立的行政复议原则。

---

[1] 参见国务院法制局：《行政复议条例释义》，中国法制出版社1991年版，第14—21页。

　　除此以外，增加了有错必纠、保障法律法规实施、公正、公开以及司法最终原则是十分必要的。因为在行政法上公正原则是一项普遍适用的原则，只有行政复议机关严格遵守公正原则的要求，才能维护行政相对人合法权益。公开是公正的前提和基础，行政复议案件从受理、审理到作出决定，都应当公之于众，避免因暗箱操作导致行政复议的不公。有错必纠原则要防止和纠正违法的或者不当的行政行为，能够有效地督促行政复议机关认真履行职责。保障法律法规实施原则要保障和监督行政机关行使职权，不仅要纠正违法或者不当的具体行政行为，还要保障执行和落实。司法最终原则使当事人拥有了司法救济的途径，除法律规定的例外情况，当事人对行政复议决定不服可以向人民法院提起行政诉讼，保障自身合法权利。

　　2. 扩大了受案范围

　　《行政复议法》与《行政复议条例》相比最突出的进步之处就是扩大了行政复议的受案范围，行政复议法将受复议审查的行政行为扩展到全部具体行政行为，从具体行政行为扩展到部分抽象行政行为，保护的权利范围从人身权、财产权扩展到各种合法权益。

　　（1）所有侵犯公民、法人或者其他组织的具体行政行为都属于行政复议的受案范围，法律明确排除的除外。

　　行政复议法增加了警告、暂扣许可证或执照、没收违法所得等几类处罚行为，扩充解释了《中华人民共和国行政处罚法》；增加了关于行政机关中止、变更、撤销许可证、执照、资格证、资质证而引发的案件；增加了对其他具体行政行为侵犯合法权益可以申请行政复议的规定；增加了行政机关没有发放最低生活保障费、社会保险金属于行政复议范围的规定；将行政机关作出的行政确权行为纳入行政复议范围；将行政机关变更或者废止农业承包合同的行为纳入行政复议范围。由此可见，与《行政复议条例》相比，《行政复议法》明显地扩大了可以申请复议的具体行政行为的范围。

与此同时，《行政复议法》修改了行政复议机关不予受理的密项，包括：行政机关对工作人员的奖惩、任免决定，行政机关制定法规、规章及其他规范性文件的抽象行政行为，国防外交等行为。

（2）受案范围包含了部分抽象行政行为。

根据《行政复议法》第七条和第二十六条的规定，公民法人或其他组织在对具体行政行为申请复议时，如果认为具体行政行为所依据的规定（除国务院行政法规、部门、地方政府规章之外的各级行政机关的规范性文件）不合法，可以一并向行政复议机关提出审查申请；行政复议机关有权处理的必须在 30 天内处理，无权处理的必须在 7 日以内转送有关部门，有权机关必须在 60 日内处理完毕。行政复议法授权公民、法人或者其他组织对部分抽象行政行为提出复议申请是一个重大变革，是我国行政监督救济制度的崭新发展。与《行政复议条例》第四十三条的"主动"审查相比，这是直接赋予行政相对人对抽象行政行为的审查请求权，明确了可申请行政复议的抽象行政行为的范围。就法律性质而言，对"规定"的审查制度是一种全新的行政间接附带审查制度，它开拓出一个利害关系人可以参与的行政监督领域，并由此强化了行政复议制度的监督功能。[1]

（3）扩大保护的权利范围。

根据《行政复议法》第六条第十一项的规定，公民、法人或其他组织"认为行政机关的其他具体行政行为侵犯其合法权益的"，有权申请行政复议。只要是侵犯到相对人的合法权益，行政相对人就有申请行政复议的权利。《行政复议法》所保护的权利范围与《行政复议条例》相比是有了进一步的扩大。有学者指出："《行政复议法》把权利保护范围扩大到公民、法人和其他组

---

[1] 参见朱芒：《对"规定"审查制度试析——〈行政复议法〉第 7 条和第 26 条的性质、意义及课题》，载《华东政法学院学报》2000 年第 1 期。

织的各类合法权益，是恢复行政复议正常功能的正确之举。"[1]

3. 灵活的管辖规定

行政复议法对原来比较复杂的管辖规定作了修改和调整：一是明确规定了相对人对于管辖的自由选择权，即相对人既可以向该部门的本级人民政府申请行政复议，也可以向上一级主管部门申请行政复议，使相对人能够更加便利地行使申请行政复议的权利；二是明确了行政公署的复议机关地位；三是明确规定国务院在行政复议中所享有的最终裁决权，强化了国务院对其所属各部门及省级人民政府的监督，也拓宽了相对人不服省部级机关行政复议决定的救济渠道；四是规定了县级地方人民政府接受复议申请并转送有关复议机关、告知申请人的义务，这对相对人实际行使行政复议请求权非常重要，相关规定充分体现了行政复议立法的便民原则，是一个重大的进步。

4. 便利的申请及处理方式

行政复议法在行政复议的申请上更加简洁便利：一是延长了行政复议的申请期限，而且还对申请复议的特殊期限作出新的规定；二是提供了更加灵活的申请方式，申请人申请行政复议，可以书面申请，也可以口头申请，行政复议机关应当当场记录申请人的基本情况，行政复议请求，申请行政复议的主要事实、理由和时间；三是缩短了行政复议机关受理案件时的审查期限，同时增加了复议机关书面告知申请人审查结果的义务；四是加大了对行政复议机关受理行政复议申请的监督力度，对于保障公民的诉权具有重要意义。

5. 完备的审理程序

行政复议法在行政复议的审理程序方面，规定更加完备：一是进一步明确了审查方式，行政复议机关应申请人的要求或认为有必要时，必须组织类似《行政处罚法》所规定的调查情况、听证会、听取各方当事人的意见，可

---

[1] 于安:《降低政府规制经济全球化时代的行政法》,法律出版社2003年版,第332页。

以促使行政复议机关作出较公正的复议决定。在我国，一些部门规章已经率先作出类似的规定。[1] 二是细化了举证责任，针对行政复议实践中举证责任不明确、行政复议机关剥夺或忽视申请人查阅证据权利以及被申请人违法补证等现象，对行政复议的举证问题作了更明确的规定。首先，重申了行政复议中的举证责任应由被申请人承担。此外，《行政复议法》第二十三条第二款规定："申请人、第三人可以查阅被申请人提出的书面答复，作出具体行政行为的证据、依据和其他有关材料，除涉及国家秘密、商业秘密或者个人隐私外，行政复议机关不得拒绝。"这是增加了第三人、申请人在行政复议过程中的查证权。

6. 调整行政复议决定的种类

《行政复议法》在复议决定种类的问题增加了一些新的决定形式，也作出了相应的调整，取消了一些规定：一是确立了五种基本的复议决定形式。根据《行政复议法》第二十八条的规定，行政复议决定的常见形式包括维持决定、履行决定、撤销决定、确认决定和变更决定。二是增加了行政复议决定为最终裁决的规定。《行政复议法》第三十条第二款最终规定："根据国务院或者省、自治区、直辖市人民政府对行政区划的勘定、调整或者征用土地的决定，省、自治区、直辖市人民政府确认土地、矿藏、水流、森林、山岭、草原、荒地、滩涂、海域等自然资源的所有权或者使用权的行政复议决定为最终裁决。"三是增加了行政复议机关主动作出行政赔偿决定的规定。《行政复议法》第二十九条第二款明确规定："申请人在申请行政复议时没有提出行政赔偿请求的，行政复议机关在依法决定撤销或者变更罚款，撤销违法

---

[1]　例如，1999 年 10 月 31 日起施行的《中华人民共和国海关实施〈行政复议法〉办法》第二十六条即规定"必要时，复议机构调查情况听取意见可以采用听证方式。听证可以在海关行政复议机关所在地举行，也可以在被申请人或申请人所在地举行"。该办法第二十七条还就海关行政复议听证的具体实施程序作了十分详细的规定。

集资、没收财物、征收财物、摊派费用以及对财产的查封、扣押、冻结等具体行政行为时，应当同时责令被申请人返还财产，解除对财产的查封、扣押、冻结措施，或者赔偿相应的价款。"该项规定赋予了行政复议机关主动作出赔偿决定的权力。

7. 强化法律责任

《行政复议法》在法律责任的规定上比《行政复议条例》多了新的变化：一是扩大了法律责任的主体。根据《行政复议法》第三十四条的规定："行政复议机关违反本法规定，无正当理由不予受理依法提出的行政复议申请或者不按照规定转送行政复议申请的，或者在法定期限内不作出行政复议决定的，对直接负责的主管人员和其他直接责任人员依法给予警告、记过、记大过的行政处分；经责令受理仍不受理或者不按照规定转送行政复议申请，造成严重后果的，依法给予降级、撤职、开除的行政处分。"二是完善了法律责任的形式，在法律责任的形式及适用情形上都有了新的规定。《行政复议法》第三十五条规定："行政复议机关工作人员在行政复议活动中，徇私舞弊或者有其他渎职、失职行为的，依法给予警告、记过、记大过的行政处分；情节严重的，依法给予降级、撤职、开除的行政处分；构成犯罪的，依法追究刑事责任。"第三十六条规定："被申请人违反本法规定，不提出书面答复或者不提交作出具体行政行为的证据、依据和其他有关材料，或者阻挠、变相阻挠公民、法人或者其他组织依法申请行政复议的，对直接负责的主管人员和其他直接责任人员依法给予警告、记过、记大过的行政处分；进行报复陷害的，依法给予降级、撤职、开除的行政处分；构成犯罪的，依法追究刑事责任。"第三十七条规定："被申请人不履行或者无正当理由拖延履行行政复议决定的，对直接负责的主管人员和其他直接责任人员依法给予警告、记过、记大过的行政处分；经责令履行仍拒不履行的，依法给予降级、撤职、开除的行政处分。"这些条款的设置使法律责任更容易得到追究，也丰富了行政复议法律责任的具体形式。

（二）行政复议制度的主要不足

尽管《行政复议法》的规定比《行政复议条例》更加简洁、凝练，且很多内容都不乏创新之处，但由于受到"非司法化"立法指导思想的影响，甚至有的规定与《行政复议条例》相比不能不说是一种倒退。早在《行政复议法》施行之前，就有学者专门撰文分析了《行政复议法》的立法缺陷问题。[1]笔者认为，《行政复议法》有的规定考虑不周，实施时将遇到各种困难，此外，也遗漏了一些内容。

1. 必要的制度的遗漏

《行政复议法》对于一些规定和制度没有作出规定，成为了遗漏的部分，至少包括了七个规定：一是回避的规定。行政回避是指行政机关工作人员在行使职权过程中，因其与所处理的事务有利害关系，为保证实体处理结果和程序进展的公正性，根据当审人的申请或行政机关工作人员的请求，有权机关依法终止其职务的行使并由他人代理的一种法律制度。[2]现行《行政复议法》却忽略对回避制度作出严密的规定，从而在客观上加剧了复议的不公正性。二是律师代理的规定，《行政复议法》对律师是否有权参加行政复议没有涉及，只是在第十条第五款明确了申请人、第三人有权委托代理人代为参加行政复议。三是告知的规定。《行政复议法》没有要求告知复议申请人不服复议决定时，有权在规定的期限内向特定的法院提起行政诉讼，这将有可能导致延误了当事人行使诉权，不利于当事人维护合法权利。四是证据的规定。诚如学者所言："证据是法律程序的灵魂，离开证据的证明作用，任何

---

[1]　《法学》杂志曾于 1999 年第 10 期发布一组题为"《行政复议法》的立法缺陷分析"的文章，对该法身存在的一些问题作了比较深入的分析。

[2]　章剑生：《行政程序法基本理论》，法律出版社 2003 年版，第 131 页。

精巧的法律程序都将会变得毫无意义。"[1]《行政复议法》未涉及各方当事人举证的范围、证据的种类、行政复议机关对证据的审查、调取、收集等问题，仅仅对被申请人的举证寥作简略规定，缺少了完备的证据制度。五是不利变更禁止的规定。在学理上，这就是所谓的"行政复议不利变更禁止原则"，其意指"行政复议机关在审查具体行政行为是否合法或适当的过程中，禁止自己作出或要求其他机关作出对复议申请人较原裁决更为不利的决定"[2]。当今世界，众多国家和地区行政复议法都制定了不利变更禁止的制度，例如我国台湾地区《诉愿法》第八十一条和日本《行政不服审查法》第四十条都有相关的规定，但是《行政复议法》却未涉及这个规定，不利于保护申请人的权益。六是复议中止、终止的规定。《行政复议法》除了在第二十五、二十六、二十七条附带规定行政复议程序的终止及中止以外，其他情形都没有规定复议的中止、终止。七是复议期间被申请人的改变制度。《行政复议法》忽视了对被申请人改变具体行政行为的限制问题，这可能会破坏整个行政复议程序的安定性，也会影响申请人的权益。

2. 部分有价值的规定被删减

《行政复议法》删除了《行政复议条例》中三个方面的重要规定：一是责令补正申请书制度。《行政复议条例》第三十四条曾经对复议申请的处理方式作出了全面的规定，其中，复议机关对不符合形式要件的申请书应当发还申请人，并要求其限期补正。但是在《行政复议法》第十七条中，删除了

---

[1] 章剑生：《行政程序法基本理论》，法律出版社 2003 年版，第 231 页。

[2] 张坤世：《论行政复议中不利变更禁止》，载《行政法学研究》2000 年第 4 期。

相关的制度。[1]实践证明，这一制度是十分必要的。二是复议决定的依据。《行政复议条例》第四十一条规定："复议机关审理复议案件，以法律、行政法规、地方性法规、规章、以及上级行政机关依法制定和发布的具有普遍约束力的决定、命令为依据。复议机关审理民族自治地方的复议案件，并以该民族自治地方的自治条例、单行条例为依据。"然而，《行政复议法》却有意回避了复议决定的依据问题，不利于行政复议工作开展的。三是具体行政行为程序不足责令补正制度。《行政复议条例》第四十二条曾经规定："……（二）具体行政行为有程序上不足的，决定被申请人补正……（四）违反法定程序影响申请人合法权益的，决定撤销、变更，并可以责令被申请人重新作出具体行政行为。"但是在《行政复议法》中，对程序违法的处理是违反法定程序即撤销。事实上，行政行为的效力与其自身的瑕疵之间是一种正比关系，瑕疵越严重，对行为的效力影响就越大。例如，同样是程序违法，但违反程序对行政行为效力的影响却是大不一样的：重大且明显的程序瑕疵可能会造成行政行为自始无效；一般性的程序瑕疵可能会因法院的撤销而使行政行为失去效力；而轻微的程序瑕疵可能会经法院判决补正而保持有效。[2]但是，《行政复议法》对程序违法具体行政行为却采取"一刀切"的处理方式，这可以说反而是一种倒退。正如有的学者所言："这种规定看似严格要求行政机关依照法定程序行政，实则是一种立法思维的简单化，只看到了违反程序的一个方面，而没有考虑到执法成本、效益、当审人的权益保障等多方面

---

[1]　虽然《行政复议法》取消了责令补正申请书制度，但一些地方性法规却仍然坚持了这一制度。例如，2003 年 7 月 25 日通过的《广东省行政复议工作规定》第九条即规定："对本规定第八条第（一）项至第（五）项规定的内容，申请人在行政复议申请中没有明确的，行政复议工作机构应当以书面形式要求申请人补充资料并说明补充的某事项和理由，申请人必须在十五日内补完必要的材料。补充材料期间不计算在审查期限内。申请人逾期不作补充，致使行政复议工作机构无法审查的，行政复议工作机构可以决定不予受理，并书面通知申请人。"

[2]　章志远：《行政行为效力论》，中国人事出版社 2003 年版，第 175 页。

的因素。"[1]

3. 许多规定难于实施

《行政复议法》增加了一些创新的新规定，但是在设定的时候考虑不充分，导致实际操作的时候存在困难，沦为理论摆设：一是审查制度的设置。自《行政复议法》施行以来，理论界就一直不断地提出对现行"规定"审查制度合理性、科学性的质疑。[2]有许多无法澄清的问题，制度构想却因为考虑不周、程序缺失而难以真正地发挥实效，甚至形同虚设。[3]例如：是否所有类型的"规定"都能够一并被提起行政复议？国务院的"规定"为什么不能纳入行政复议的审查范围之内？国务院各部门及省级人民政府的"规定"与规章究竟应当如何区别？应当如何监督申请人提出对有关"规定"的审查请求，但行政复议机关不予审查或者不依法转送有权机关进行审查的问题？等等。各种问题在现行《行政复议法》中都找不到的答案，导致行政复议制度的监督与救济作用无法发挥。二是受理制度的设定。《行政复议法》第十七条所规定的推定受理制度和第二十条所规定的责令受理及直接受理制度的目的是使申请人的复议申请有机会得到审查，但实际上却难以达到预期的

---

[1] 杨解君：《〈行政复议法〉倒退和停步不前的若干表现》，载《法学》1999年第10期。值得一提的是，论者的这一观点为很多学者所接受，表明了学界对《行政复议法》删除补正决定的普遍不满。参见石佑启：《行政程序违法的法律责任》，载《法学》2002年第9期；前引杨小君书，第283—284页"罕见的例外是，个别学者则认为补正决定在实践中难以把握，不利于保护申请人及对行政机关的监督，且随着法律对程序规定的日臻完善，违反法定程序就应认定为违法，因而支持取消补正决定的做法。参见湛中乐等：《论我国行政复议立法的得与失》，载罗豪才：《行政法论丛（第3卷）》，法律出版社2001年版，第377页。

[2] 有关对现行"规定"审查制度的缺陷分析及改革设想的最新研究成果，可参见潘荣伟：《抽象行政行为行政复议制度的缺陷与完善——〈行政复议法〉第7条评析》，载《行政法学研究》2003年第3期。

[3] 据了解，自《行政复议法》实施以来的三年多时间里，江苏省全省仅有10起附带请求审查作为具体行政行为依据的"规定"的案件。消息来源于2003年1月21日由江苏省人民政府法制办公室召开的"行政复议理论与实践"小型学术研讨会。

效果。根据《行政复议法》第十七条的规定，对于行政复议申请，行政复议机关审查后，如果未在 5 日内明确不予受理或告知申请人向其他有关行政复议机关提出申请的，应视为行政复议机关受理了该申请。在实际情况中，如果推定受理后又发现申请不符合《行政复议法》规定的，就无法对该复议案件进行处理了。而且推定受理制度下，行政复议机关无须发送受理通知书给申请人，导致引起争议或诉讼时，如果行政复议机关否认收到过申请，则申请人将处于严重不利的地位，甚至可能会丧失行政复议和行政诉讼的权利。根据《行政复议法》第二十条的规定，如果行政复议机关无正当理由不予受理申请人的复议申请，上级行政机关应当责令其受理或者在必要时直接受理。但是却没有明确规定上级行政机关不责令，或者下级行政机关拒绝服从责令等情况出现的处理方法，结果可能导致申请人一直等待结果，最后却"复议无门"。三是法律责任制度的设置。《行政复议法》有关法律责任的规定存在被虚化、弱化的危险，该法没有对行政复议机关不履行复议职责所应当承担的外部法律责任作出明确规定，也没有指明对行政复议机关及其工作人员、被申请人违法责任进行追究的具体机关和程序，最重要的是，尽管该法规定行政复议机关负责法制工作的机构享有"处理建议权"，但却没有明确规定"有关"行政机关的主体、处理程序、反应时间、告知制度、异议处理机制等。法制机构的这种处理建议权在行政复议工作实践中几乎就成了一种摆设。[1]

---

[1] 据了解，自《行政复议法》施行以来，广东省仅韶关市曾经启动过一次处理建议权，后来还因没有相应制度和程序的限制不了了之。参见李炳余等（广东省人民政府法制办公室）：《试论我国行政复议制度的改革》，全国依法行政理论研讨会（2003 年 8 月，呼和浩特）论文汇编之五，第 43 页。

三、关于完善行政复议制度的提议

随着我国行政法治进程的不断推进，近两年来，理论界和实务部门越来越关注行政复议制度的实施状况，也相继召开了与一些此主题有关的理论研讨会。[1] 行政法学界从各个不同的角度提出了行政复议制度的想法和建议，希望能完善行政复议制度。[2] 中国社会科学院法学研究所"行政复议制度司法化研究课题组"还起草了《行政复议法实施条例（试拟稿）》；广东省第十届人民代表大会常务委员会第五次会议则于 2003 年 7 月 25 日通过了《广东省行政复议工作规定》（该规定自 2003 年 10 月 1 日起施行），成为《行政复议法》实施四年来首部细化行政复议制度的地方性法规。其他一些省份及国务院各部门也纷纷以各种形式颁布了适用于本地区、本部门的行政复议

---

[1] 近两年来，影响较大的全国性的行政复议制度理论研讨会有两次：一是 2002 年 9 月 28 日，在《行政复议法》实施三周年之际，由中国法学会行政法学研究会、法制日报社和青岛市政府法制办公室在青岛市联合举行的行政复议理论研讨会。有关此次会议的综述，可参见翟新华：《行政法学家理想中的行政复议制度：2002 年行政复议理论研讨会综述》，载《法制日报》2002 年 2 月 16 日第 8 版。二是 2003 年 9 月 20—21 日，在《行政复议法》实施四周年之际，由中国社会科学院法学研究所行政复议制度司法化研究课题组、《法学研究》编辑部、《经济观察报》联合主办的"加入 WTO 后中国行政复议制度：挑战、机遇与改革理论研讨会"。有关此次会议的综述，可参见宋华琳：《推动行政复议的制度变革——"加入 WTO 后的中国行政复议制度"学术研讨会综述》，载中国公法网；另可参见马蔚：《守望前沿：缘何行政复议渐失喝彩》，载《工人日报》2003 年 9 月 27 日第八版。

[2] 近几年来，国内行政法学者公开发表了大量有关行政复议制度改革的研究论文：其中，代表性的研究成果有：王学政：《论我国行政诉讼和行政复议制度之创新》，载《中国法学》2001 年第 4 期；张淑芳：《规范性文件行政复议制度》，载《法学研究》2002 年第 4 期；沈开举：《WTO 与我国行政裁决制度公正性研究》，载《中国法学》2002 年第 5 期；胡建淼等：《WTO 与中国行政救济制度的改革》，载《浙江社会科学》2003 年第 2 期；周汉华：《行政复议制度的司法化改革思路》，载《法制日报》2003 年 9 月 25 日。

施行细则。[1] 行政复议制度成为了学术界研究的热点。我们将在下文对现行行政复议制度进行全面分析和探讨，总结问题并分析原因，最后提出解决的思路和对策，希望能有助于行政复议制度的改革和完善。

（一）行政复议在实践中现存的困境

下文主要从三个方面来讲述行政复议在实践中存在的主要困境。

1. 行政复议的受案数呈现下滑的趋势

自 1991 年 1 月到 1998 年底的 8 年中，据统计全国各级行政复议机关平均每年受理行政复议案件 3 万多起，总共 24 万多起。[2] 而自从《行政复议法》颁布施行以后，全国的行政复议案件数量有了明显的上升。2000 年，全国 31 个省区市各级行政复议机关共收到申请行政复议的案件 74448 件，比 1999 年同比增幅超过 100%，黑龙江以 401% 的增长速度稳居榜首，此外天津、上海、福建等地的增长率均超过 200%。2001 年，比 2000 年同比增长 8.6%，全国 31 个省区市各级行政复议机关共收到申请行政复议的案件 83487 件。在全国大多数地区，《行政复议法》施行 3 年来的案件数量超过了《行政复议条例》施行 9 年来的案件总和。这些数据说明了行政复议制度在我国呈现了"空前盛况"。然而，自 2002 年开始，全国各地行政复议机关所收到的申请行政复议的案件却呈现出明显的下滑趋势，23 个省区市行政复议案件均呈现负增长趋势，只有 8 个省级单位与上年持平或略有上升，全国总体下降幅度为 8.4%，其中，贵州、青海、四川、内蒙古、湖南、甘肃、新疆、北

---

　　[1]　例如，江苏省即以省政府办公厅的名义（苏政办发〔2001〕161 号）发布了《关于贯彻实施〈中华人民共和国行政复议法〉的若干意见》，该意见自 2002 年 1 月 1 日起开始施行；海关总署则以规章的形式制定并发布了《中华人民共和国海关实施〈行政复议法〉办法》，该办法自 1999 年 10 月 1 日起开始施行。

　　[2]　应松年等：《走向法治政府》，法律出版社 2001 年版，第 448 页。

京的降幅超过 20%，西藏、宁夏的降幅超过 50%。[1]

与此情况相对应的是，市级行政复议机关收到的申请行政复议的案件较多，而省部级行政复议机关特别是区县级行政复议机关的则明显偏少，呈现出"中间大、两头小"的明显反差。以江西、福建两省为例：江西省在《行政复议法》施行以来的三年里，99 个县级政府共收到行政复议申请 1146 件，决定受理 954 件，平均每年只有 318 件，每个县一年平均仅 3.2 件，仅占该省行政复议受案总数的 23%，而该省设区市政府则平均受案 25 件，为县级政府的 7.8 倍，该省还有十几个县级政府从未受理过行政复议案件。而福建省漳州、莆田、泉州及厦门的市级政府法制机构平均每年受理的行政复议案件数量分别为 280、94、153、38 件，而同一时期县级政府办理的行政复议案件较少，大多数都只有几件，只有个别地方年受案超过 10 件，少数县级政府甚至至今都还没有办过行政复议案件。[2] 可以说，从全国各地行政复议制度的实施情况来看，当前存在的首要问题是行政复议受案数过少，虽然受案数量的多少并不能衡量行政复议工作是否有效开展，但是却透露出行政复议制度的实施现状不容乐观的困境。

2. 行政复议案件的高维持率有损复议公正性

在这数量极为有限的行政复议案件中，行政复议机关作出维持决定的比例竟一直稳居 50% 以上，这导致了行政复议的公正性未能得到社会的认可。1999 年，全国 23 个省区市行政复议机关在受理的复议案件中维持决定的占

---

[1] 以上数据来源于谢莉（国务院法制办公室）：《1999 年度行政复议案件情况分析》，载《行政与法制》2000 年第 8 期；谢莉：《2000 年度行政复议案件情况分析》，载《行政与法制》2001 年第 6 期；马蔚：《守望前沿：缘何行政复议渐失喝彩》，载《工人日报》2003 年 9 月 27 日第八版。

[2] 以上数据来源于江西省人民政府法制办公室：《县级政府行政复议现状分析与时策》，福建省人民政府法制办公室《我省县市区行政复议工作现状及对策研究》，全国依法行政理论研讨会 2003 年 8 月，呼和浩特论文汇编之五。

受案总数的约 51%，而变更、撤销及责令履行的总共才占不到三成。2000 年，行政机关受理的各类复议案件中维持决定的仅占受案总数的约 52%，而变更、撤销及责令履行的总共才占约 25.5%。到了 2001 年，复议案件的维持率上升至约 53%，但得到纠正的比例则进一步下降至二成以下。[1] 全国各级行政复议机关所办理的行政复议案件维持率始终都是纠正率的 2—3 倍。

行政复议案件维持率攀升有可能是因为行政机关依法行政水平提高，但更有可能是人为的因素及非正常的因素所引起的。相比较而言，在行政诉讼案件中，有相当大比例的案件结果都被法院判决改变。以山东省为例，2000 年，全省共受理行政复议案件 5174 件，经复议起诉到法院的有 1376 件，占近三成，其中被法院维持的约占五成；2001 年，共受理案件 5254 件，经复议又起诉到法院的有 2009 件，约占 38%，法院的维持率锐减至 13%；2002 年，共受理案件 4670 件，经复议又起诉到法院的有 1813 件，约占 38%，法院的维持率约为 48%。[2] 这些数据从侧面反映行政复议案件办案质量的低下，经不住行政诉讼的检验。

相比较而言，近几来，我国的行政诉讼案件却有了较为明显的增长，公众也更青睐于采用信访的形式解决问题，而这些案件有相当一部分属于行政复议受理范围。行政复议在实践中未能及时强化行政监督、化解纠纷、减轻法院压力，最大的隐忧是公正性的确实，这值得我们深思。

---

[1] 以上数据均来源于谢莉（国务院法制办公室）：《1999 年度行政复议案件情况分析》，载《行政与法制》2000 年第 8 期；谢莉：《2000 年度行政复议案件情况分析》，载《行政与法制》2001 年第 6 期；马蔚：《守望前沿：缘何行政复议渐失喝彩》，载《工人日报》2003 年 9 月 27 日第八版。

[2] 以上数据来源于刘东生（山东省人民政府法制办公室）：《行政复议制度发展障碍分析》，全国依法行政理论研讨会（2003 年 8 月，呼和浩特）论文汇编之五。

3. 行政复议效率有待提高

在实践中，全国各地普遍呈现行政复议解决纠纷效率低的现象，很多地方用行政审批的方式去办理复议案件，往往要经过多道程序的审批，只要其中的某个环节耽搁了，整个复议程序就不得不暂停下来，白白花费大量的时间，甚至全国很多省市地区以下发"红头文件"的形式，强制性地要求行政复议机构必须层层送审来办理复议案件。这种极度"官僚化"的审批方式割断了复议申请人与复议过程的联系，与行政复议快捷、便民的立法宗旨相违背，甚至影响公正性。如果说行政复议对比行政诉讼的公正性较低，那么唯一的优点高效性也在烦琐的内部流程中被大大降低，可以说是当前行政复议制度实践中的又一重大隐忧。

（二）行政复议困境的原因探讨

笔者认为，造成行政复议制度的困境，除了该法本身的问题，还关联到我国整体的法治环境：一是行政复议观念落后，首要原因还是在于在行政复议制度法律性质的认识上出现了偏差，观念滞后。在现实生活中，对行政复议性质的理解有误，认为行政复议主要是一种内部监督制度。在国务院法制办公室代表国务院向全国人大常委会就《行政复议法〈草案〉》所作的立法起草说明中，就表明了行政复议法起草的指导思想，即"体现行政复议作为行政机关内部监督的特点，不宜、也不必搬用司法机关办案程序，使行政复议'司法'化。按照草案规定，除法律另有规定外，行政复议实行一级复议制，不搞两级复议；具体复议的事项由行政机关负责法制工作的机构承办，作为它的一项工作，不另设独立的、自成系统的复议工作机构；行政机关进行行政复议，原则上采取书面审查的办法，根据被申请人提交的当初作出具体行政行为的证据和材料对该具体行政行为进行审查，不再重新取证。"笔者认为上述认识存在值得商榷之处。行政复议的"权利救济"和"纠纷解决"两大功能未能充分体现，仅将关注焦点集中在行政复议程序的"行政性"和"内部监督"功能。在实践中，这将对行政复议诸多功能的有效发挥造成一定影响。

二是行政复议体制的不合理，行政复议机构欠缺独立性、专业性，复议体制不合理，直接导致公正性差、效率低下。现实中，行政复议案件由行政系统内部专门从事法制工作的机构来办理，但这一机构只是一个隶属于行政复议机关的内设机构，没有独立的法律人格，对行政复议案件也没有最终的决定权，需要行政复议机关的首长进行审批。现实中，行政复议机关作为被申请人的上级存在诸多利害关系，无法体现最起码的公正。因此，造成行政复议制度失信于民的首要体制性原因是行政复议机构缺乏独立性和权威性。此外，各级行政复议机构除了处理复议案件以外，往往还承担着其他多项职能，有时还需要及时处理行政机关首长临时交办的各种任务。由于人员编制有限、职能过多，行政复议机构往往不能集中精力办理复议案件。而且当行政复议案件涉及比较复杂的政策、法律、行政管理等专业性问题时，承办人需要具备良好的法律修养和行政工作经验才能胜任行政复议的工作。但在我国，大凡普通的机关工作人员都可以从事行政复议工作，并未对资格作出限制，因此大大降低了行政复议案件的办理质量。可以说，造成行政复议制度困境的又一重要原因是复议机构职能的多元化和人员的非专业化。

三是行政复议制度的不严谨，现行行政复议立法固执地坚持了"行政化"的方向，刻意规避了一些必要的程序法律制度，例如调查取证的规定，当事人之间互相质证、辩论，有利害关系的回避制度等。这些带有"司法化"倾向的程序性制度已超出司法的范畴，是在长期的纠纷解决实践中经反复适用而最终形成的，理应吸纳这些世所公认的程序制度。但是现行的制度对于公正性的程序规定很不严谨，无法保障公平公正，使得实际运作中不够畅顺。

（三）行政复议制度的改革和完善

行政复议制度在未来的行政法治进程中仍然具有充足的发展空间，在化解行政纠纷、减轻法院压力等方面都具有重要的作用，是一种重要的权利救济和纠纷解决制度，是信访、行政诉讼等其他相关制度所无法替代的。近年来，学界也提出了各种的看法和提议，希望能进一步完善行政复议的制度。例如，有的学者主张中国应当大胆地借鉴法国的行政法院制度，建立隶属于中央政府的、独立行使行政审判权的行政法院系统，并将行政复议纳入行政诉讼的范畴，由行政法院统一行使对行政相对人的法律救济权和对行政主体的法律监督权；还有的学者主张中国应当以行政复议制度的司法化为目标，对现行的复议制度与行政诉讼制度进行比较系统的联动改革。笔者认为，今后可以从以下三个方面对行政复议制度进行改革和完善。

1. 重塑观念

笔者认为，首先从重塑复议观念开始改革行政复议制度，出发点是更好地为申请人提供救济，并明确将其定义为一种行政救济制度。建议将现行《行政复议法》第一条作出修改，扭转已经严重变形的行政复议立法目的，回归行政复议的本质是为了保护公民、法人和其他组织的合法权益，保证行政复议机关正确、及时地化解纠纷，并且防止和纠正违法的或者不当的行政行为。只有对行政复议制度进行准确定性，才能够顺利推进核心的改革。

2. 理顺现行体制

笔者认为，应该以独立化、专业化为目标进行大刀阔斧的改革，扫除阻碍行政复议制度实施的"绊脚石"：一是组建统一而富有威信的行政复议委员会，实现独立化和专业化这两大目标。具体来说，是在整合现有各种行政复议机构的基础之上，建立隶属于各级人民政府但又具有相对独立性的行政复议委员会。这样不仅可以精简现有的架构，也可以保障复议结果的公正性。具体的做法是在各自的辖区范围内组建统一的行政复议委员会具体审查本级人民政府各部门及下级人民政府所实施的行政行为，取消各级人民政府和各类职能部门内部的复议机构，委员会专门负责审理行政复议案件。各级政府无权干预行政复议委员会对复议案件的审理，行政复议委员会的人员管理、职务晋升、案件处理均与所在政府无关，实行省以下垂直领导的体制，不受地方政府的约束。处理复议案件时通过采用民主合议制，确保行政复议决定的公正。海关、金融、国税、外汇管理等特殊部门则在内部设立两级行政复议委员会，专门负责本系统的复议案件的处理。

二是打造一支高素质、有保障的行政复议官队伍，实现职业化、精英化这两大目标。关键性就是要努力培养一批具有高素质的职业化行政复议官。具体来说，可以提高行政复议官的任职资格，必须要求行政复议官队伍均通过国家统一司法考试。各级行政复议委员会掌握行政复议官的业务培训、职务晋升、业绩考核和福利待遇，不受所在行政机关的限制。行政复议所需经费必须单独列入各级财政预算，专款专用。此外，人员组成的问题上，尝试可以仿效我国台湾地区的做法，吸收适当比例的法学专家、技术专家参与进来。[1] 这样就可以从组织上保障行政复议的公正性，大大提高行政复议官队伍职业化、独立化的水平。

3. 行政复议制度的完善与改革

综上，笔者认为，学界应该吸收学界理论研究相关成果，并借鉴海外行政复议有益规定，对现行的《行政复议法》进行大幅度修改，增加必要的司法化程序规定，删除一些行政色彩极为浓厚的规定，围绕更加有效地维护申

---

[1]　我国台湾地区《诉愿法》第52条规定："各机关办理诉愿事件，应设诉愿审议委员会，组成人员以具有法制专长者为原则。诉愿审议委员会委员，由本机关高级职员及进聘社会公正人士、学者、专家担任之；其中社会公正人士、学者、专家人数不得少于二分之一。

请人的合法权益进行制度优化。

就此，笔者提出两点看法：一是改进行政复议程序制度，保证行政复议结果最低限度的公正性。可以适当补充或调整律师代理制度、管辖制度、回避制度、告知制度，完善补充证据制度、限制改变制度、不利变更禁止制度、审查程序、对"规定"的审查、处理制度，补充复议中止与终止制度等。二是实现行政复议与行政诉讼之间的良性互动，重组纠纷解决机制。在日益崇尚纠纷解决机制多元化的今天，必须努力消除行政复议与行政诉讼制度之间的脱节。国内已有学者详细分析了这两项制度之间的诸多脱节现象。[1] 笔者认为，行政复议与行政诉讼制度应当着重协调好受案范围制度、审理依据制度、审查标准制度和当事人资格制度。从而使得二者能够相互配合，共同筑起维护公民权利的防护墙。

正如前文所述，行政复议体制及制度设计的不合理都缘于落后的行政复议观念。因此，行政复议制度的改革必须首先从重塑复议观念开始。笔者认为，我们应当将行政复议制度明确定位为一种行政救济制度，以更好地为申请人提供救济作为一切制度设计的出发点和归宿。如此一来，行政复议制度的功能定位就更加清晰，可以说是对行政复议本质的回归。

就目前情形看，行政复议体制的僵化已经成为阻碍行政复议制度实施的一大因素，因而必须以更加专业化为目标，对现行行政复议体制进行改革。具体来说，笔者认为，可以尝试从以下两个方面进行努力：

首先，以独立化、专业化为目标，尽快组建统一而富有威信的行政复议机构。事实已经表明：由行政复议机关内部负责法制工作的机构处理复议案件根本就无法保障复议结果的公正性。而且，在各级人民政府和各类职能部门内部都设立复议机构存在大量浪费，不符合机构精简的原则。为此，必须

---

[1] 徐延永：《我国行政复议与行政诉讼的脱节现象分析》，载《行政法学研究》2000年第4期。

在整合现有各种行政复议机构的基础之上，建立隶属于各级人民政府但又具有相对独立性的行政复议委员会。

其次，以职业化为目标，打造一支高素质的行政复议队伍。换言之，在执行上述法制框架的前提下，关键性的问题就是要努力培养一批职业化的法律人才。具体来说，我们需要提高行政复议人员的任职资格，完善行政复议人员的职务晋升、福利待遇，强化行政复议人员业务培训、业绩考核，还可以仿效我国台湾地区的做法，吸收法学专家、技术专家参与。更为重要的是，政复议所需经费必须单独列入各级财政预算，不得被挤占或挪用。

笔者认为，制定《行政复议法实施条例》尚不能从根本上消除阻碍行政复议顺利推行的制度安排。因此，我们应该在借鉴海外行政复议有益规定、吸收学界理论研究相关成果的基础之上，对《行政复议法》进行大幅度修改。在此，笔者拟提出以下两点初步设想：

（1）以司法化为目标，大力改进行政复议程序制度。

笔者认为，为了保证行政复议结果最低限度的公正性，《行政复议法》必须增加补充或调整七项基本的程序制度：第一，增设回避制度。具体包括回避的缘由、回避的范围、回避的程序、回避的限制以及违反回避制度所作出复议决定的效力等内容。第二，增设律师代理制度。应当明确规定当事人可以委托律师参加行政复议，对律师在行政复议过程中的权利和义务一并作出规定。第三，增设告知制度。强制性地规定行政复议决定书需告知复议申请人不服时享有向法院提出诉讼的权利，并明示管辖的法院及起诉时间。第四，调整管辖制度。第五，补充证据制度。第六，完善审查程序。应当以类型化的思路来重新设置行政复议的具体审查程序。第七，增设限制改变制度。应当从程序上对被申请人在行政复议过程中的改变行为给予必要的限制，主要包括改变的时间限制、改变之后的通知义务等。

（2）以纠纷解决机制的修订为契机，实现行政复议与行政诉讼之间互动。

有关这两项制度之间的诸多不和谐现象，国内已有学者作详细分析，此

处不再赘述。笔者认为,行政复议与行政诉讼制度可以着重考虑在三个方面协调:

第一,受案范围制度。应当坚持统一的受案范围,即除了法律明确规定不能提起行政复议和行政诉讼的以外,其他所有类型的行政活动都应当属于行政复议和行政诉讼的受案范围之内。

第二,当事人资格制度。应当实行统一的当事人制度,规定凡是合法权益可能受到行政活动影响的自然人及法人都能够提起行政复议和行政诉讼;同时,行政活动的实施者都能够成为行政复议的被申请人和行政诉讼的被告。

第三,审理依据制度。法律、行政法规、地方性法规、自治条例及单行条例都应当成为其审查的直接依据,规章应当成为行政复议机关的审查依据,但在行政诉讼中只具有参照意义;规范性文件可以为行政复议机关所参照,但在行政诉讼中则不具有实质意义。

第二节 行政诉讼类型化研究

进入新世纪，中国所面临的国际国内形势业已发生了深刻变化：在国际方面，我国已经正式加入世界贸易组织并签署了有关的国际人权公约，融入国际主流社会的步伐加快。在国内方面，经济及政治体制深入改革，民众的权利意识日渐加强。在这种背景之下，现行《行政诉讼法》自身的不足日益显现出来，修改的呼声也随之在学术界和司法界泛起。[1]本节将围绕行政诉讼类型化这一"中观性"问题进行初步探索，希冀对我国《行政诉讼法》的修改和行政诉讼基本原理研究的深化有所裨益。

一、我国行政诉讼类型化之缘由与现状简析

在诉讼法学领域，类型化是最基本的研究方法之一，其目的是"按照一

---

[1] 自20世纪90年代中期以来，修改行政诉讼法的呼声开始在我国大陆学界零星响起世纪之交，特别是在我国正式加入世界贸易组织以后，修改之声更是日益高涨，"业内人士"甚至言必称修改行政诉讼法。《法制日报》曾于2002年3月2日辟专版组织数位知名学者和资深法官集中探讨如何完善行政诉讼法问题。近两年来，政诉讼法的修改真是全国诉讼法学年会行政诉讼分组讨论的中心议题。2002年11月13日，国政法大学法学院还在全国率先举办了专门的"《行政讼法》修改研讨会"。在我国《行政诉讼法》颁布十五周年之际，《法制日报》于2004年4月8日刊登了著名行政法学者江必新、马怀德的文章，对行政诉讼制度实施的伟大贡献及其改革方向进行了深入分析。此前的4月2日，最高人民法院常务副院长曹建明主持召集多位司法界官员和学者，就行政诉讼审判进行座谈：与会的高层人士对行政诉讼法的修改开出了很多"良方"。参见《中国青年报》2004年4月5日的报道。由此可见我国行政诉讼法的修改将同行政程序法的制定一起成为今后一段时间我国行政法学术研究和制度建设的"重头戏"。

定的标准对社会纠纷进行归类总结，以为相应诉讼救济途径的设计或者诉讼体系漏洞的弥补奠定社会实证基础"[1]。行政诉讼的类型又可称为行政诉讼的种类，意指"公民、法人或者其他组织可以行政诉讼请求救济且法院仅在法定的裁判方法范围内裁判的诉讼形态"[2]。可以说，一国行政诉讼类型的多寡及其设置的科学与否直接影响到该国公民行政诉权的保护程度以及法院司法审查功能的实现。因此，类型化是行政诉讼制度的核心。具体来说，我国行政诉讼的类型化缘于以下四个方面的需求：

第一，行政诉讼的类型化能够实现行政诉讼程序和审判规则的科学设计。不同种类的行政诉讼案件在当事人资格、起诉期限、起诉条件、审理程序、举证责任、暂时权利保护、法律适用、判决形式、诉讼费用分担等方面都有所不同，因而行政诉讼程序及审判规则的设计必须紧紧围绕具体的诉讼类型而展开。在我国，由于类型化研究方法的缺乏，致使行政诉讼诸多制度、规则的设计都失之简单甚至过于绝对。因此，为了使我国行政诉讼程序审判规则的设计趋于科学、合理，就必须以类型化的方式对其重新加以改造。

第二，行政诉讼的类型化能够保障行政审判权的有效运作。新近的观点认为，行政审判权是"一种由法律赋予法院在当事人提起行政诉讼后，对行政行为进行重新审查的权力，体现为一种受外在程序规则限制同时又兼具政治性的相对有限的权力形态"[3]。在整个行政诉讼过程中，审判权与行政权关系的准确定位是有效解决行政争议的关键。一方面，审判权应当理气直壮地对行政权行使的合法性进行审查，从而通过纠正违法行政来保障民众的基本权利；另一方面，作为一种有限权力的审判权又必须对行政权的正当运用

---

[1] 樊崇义：《诉讼原理》，法律出版社2003年版，第551页。

[2] 蔡志方：《行政救济法新论》，台湾元照出版公司2000年版，第170页。

[3] 胡玉鸿：《论行政审判权的性质》，载陈光中：《诉讼法论丛（第七卷）》，法律出版社2003年版，第512页。

给予应有的尊重，避免造成审判权对行政权的侵蚀。在我国，由于行政诉讼类型化的缺失，法院无法对不同性质的诉讼作出灵活的处理，往往只能在有限的几类裁判中无奈地进行取舍。

第三，行政诉讼的类型化已经成为一种世界性现象。在东亚地区，日本1962年《行政诉讼法》即直接规定了抗告诉讼、当事人诉讼、民众诉讼和机关诉讼四种类型的行政诉讼。按照诉讼是否与原告利益直接有关，上述四种诉讼可归为主观诉讼和客观诉讼。其中，抗告诉讼和当事人诉讼属于主观诉讼，民众诉讼和机关诉讼则属于客观诉讼。在这四种类型的行政诉讼中，抗告诉讼最为重要，可以说是日本行政诉讼的核心。作为国民对于行政厅行使公权力的行为不服而提起的一类诉讼，抗告诉讼又可进一步区分为法定抗告诉讼和无名抗告诉讼，其中前者包括撤销处分之诉、撤销裁决之诉、无效等确认之诉及不作为违法确认之诉；后者则包括停止执行诉讼和赋课义务诉讼。[1] 在我国台湾地区，其1998年新修订的《行政诉讼法》的主要贡献之一就是增加了大量新诉讼类型，除了旧法规定的撤销诉讼以外，还增加了确认诉讼和给付诉讼。如今，根据台湾《行政诉讼法》第四条至第十条的规定，其行政诉讼的类型已经发展为撤销诉讼、请求应为行政处分诉讼（课予义务诉讼）、确认诉讼、合并请求损害赔偿或其他财产上给付诉讼、一般给付诉讼、维护公益诉讼及选举罢免诉讼七种。韩国1951年的《行政诉讼法》在历经1984年的全面修正以后，又将迎来新一轮的改革。其中首要的改革内容就是扩大并补充行政诉讼的类型，如引进课予义务诉讼、废止不作为违法确认诉讼、引进预防性不作为诉讼、扩大当事人诉讼的类型、实现住民诉讼的制度

---

[1]　关于日本行政诉讼具体类型的分析，可见杨建顺：《日本行政法通论》，中国法制出版社1998年版，第179页以下。

化等。[1] 在行政诉讼类型化极为成熟的德国，根据其1960年《行政法院法》第四十二、四十三及四十七条的规定，其行政诉讼的基本类型包括撤销之诉、确认之诉、给付之诉、负义务之诉、规范审查之诉五种。此外，德国的司法实践中还存在机构之诉、诉讼程序性形成之诉、协会之诉及民众之诉等例外情形。[2] 除了上述实行行政诉讼成文法传统的国家以外，在英、美、法等实行行政诉讼非成文法传统的国家，虽然没有成文法明确规定行政诉讼的类型，但这些国家的判例和学说均认可行政诉讼的分类。[3] 由此可见，尽管各个国家和地区行政诉讼类型的区分标准、数量多寡、规范模式互不相同，但重视行政诉讼的类型化、逐步扩展行政诉讼的类型却是各国、各地区行政诉讼制度变革的共同规律。毋庸置疑，对于处在全球化发展进程中的中国而言，必须密切关注行政诉讼制度的这种发展动向，并适时地加以吸收，进而实现中国行政诉讼的类型化。

第四，行政诉讼的类型化能够为公民行政诉权提供全方位的保护。虽然诉讼法学理对"诉权"这一概念的理解还存在诸多分歧，但基于"无救济即无权利"的基本理念，人们无不承认诉权的重要价值。诉权实际上是政治国家为了保证宪法和法律所规定的公民权利得以实现而设定的"权利救济权"，离开了诉权，宪法和法律所规定的其他权利终将沦为"纸面上的权利"。正

---

[1]　[韩]赵龙镐：《韩国行政诉讼制度之改革》，东亚第五届行政法学术研讨会论文（2002年11月，名古屋）。

[2]　关于德国行政诉讼具体类型的分析，可参见[德]胡芬：《行政诉讼法》，莫光华译，法律出版社2003年版，第205—207页；刘飞：《行政诉讼类型制度探析——德国法的视角》，载《法学》2004年第3期。

[3]　关于英国行政诉讼具体类型的分析，可参见王名扬：《英国行政法》，中国政法大学出版社1987年版，第180页以下；[英]韦德：《行政法》，徐炳等译，中国大百科全书出版社1997年版，第十六、十七章。关于美国行政诉讼具体类型的分析，可参见王名扬：《美国行政法》，中国法制出版社1995年版，第569页以下。关于法国行政诉讼具体类型的分析，可参见王名扬：《法国行政法》，中国政法大学出版社1988年版，第664页以下；[法]佩泽尔：《法国行政法》，廖坤明等译，国家行政学院出版社2002年出版，第287页以下。

是从这个意义来说，诉权完全可以被视为"现代法治社会中的第一制度性人权"[1]。众多国家的宪法及一些国际公约对诉权的明确认可即表明了诉权存在的独立价值：行政诉讼中的诉权是特定主体按照法律的预设程序，请求法院对有关行政争议作出公正裁判的程序性权利。其中，起诉权或诉讼请求权被公认为是最基本的诉权，其他形式的诉权的实现都离不开起诉权。因此，对起诉权进行限制无疑就是对诉权的实质限制。为了切实地保障起诉权的行使以及其他诉权的实现，法律上必须尽可能地拓宽行政诉讼的类型，竭力满足公民权利保护的要求。鉴于行政纠纷的特殊性，可以说行政诉讼种类的多寡将直接决定着民众的权利能否获得全面、有效而及时的保护。可见，为了最大限度地保障公民行政诉权的实现，必须以类型化为中心对我国的行政诉讼进行重构，并尽力扩展行政诉讼的类型。

　　我国现行《行政诉讼法》及其司法解释并未对行政诉讼的类型作出明确规定，只是对行政诉讼的判决种类及其适用条件作了规定。学者们通常结合当事人的诉讼请求据此推定，我国行政诉讼中诉的种类有确认之诉、撤销之诉、变更之诉、赔偿之诉、履行之诉五种。确认之诉，是指原告要求人民法院确认被诉行政机关与原告之间存在或不存在某种行政法律关系的诉讼；撤销之诉，是指原告对具体行政行为不服，请求人民法院撤销该具体行政行为的诉讼；变更之诉，是指原告认为行政处罚显失公正，而要求人民法院变更处罚决定的诉讼；行政赔偿之诉，是指原告要求人民法院判决行政机关赔偿因具体行政行为违法对其合权益造成损失的诉讼；履行之诉，是指作为原告的公民、法人或其他组织认为特定的行政机关对其负有特定的法定职责，要求人民法院判决特定行政机关如期履行法定职责的诉讼。[2]

　　在我们看来，我国目前的行政诉讼类型主要存在三个方面的问题：第一，

---

[1]　莫纪宏：《论人权的司法保护》，载《法商研究》2000年第5期。

[2]　应松年：《政诉讼法学》，中国政法大学出版社1994年版，第189—191页。

过分强调法律对行政诉讼类型的硬性规定。行政诉讼类型化的最终目的还是在于为行政相对人的权利提供全面而有效的司法保护。虽然立法者以制定法的形式规定行政诉讼的不同类型具有明确性、可操作性等优点，但制定法的局限同样十分明显：僵化，保守，不能因地制宜。第二，行政诉讼类型数量过少，不利于行政相对人合法权益的全面保护。行政相对人的合法权益能否获得有效的法律保护，往往取决于法律所设定的行政诉讼类型的多寡。如果行政诉讼的类型是多样化的，那么当公民的合法权益遭到行政权力行为的侵害时，就能够从容地选择相应类型的行政诉讼来寻求切实可行的法律保护。就我国现有的行政诉讼类型而言，其数量无疑是极为有限的。正是由于行政诉讼类型数量少、范围窄，导致了行政相对人的合法权益往往得不到较为全面和有效的保护。第三，行政诉讼类型的划分比较粗糙，制约着行政审判功能的正常发挥。我国的行政诉讼有两个十分明显的特征：一是只注重对行政相对人主观权益的保护；二是只关注对行政主体所做违法具体行政行为的监控。如此一来，我国人民法院的行政审判权就只能在一个十分狭小的空间内发挥其微弱的作用。对于行政机关所制定的大量违法的规范性文件、对于一些侵犯社会公共利益的行政活动等，人民法院所表现出来的往往都是"爱莫能助"。更为重要的是，目前我国的行政诉讼类型都只是从行政判决中反推出来的，这种划分根本没有考虑到当事人的诉讼请求，因而显得极为粗糙。

与现行《行政诉讼法》关于行政诉讼种类规定的缺失相伴随的是，我国行政法学理长期以来都没有认真地对这一重要课题给予应有的关注，类型化的分析方法远未成为国内行政诉讼法学研究中的一种独立的方法论。就总体而言，无论是我国《行政诉讼法》的立法参与者还是国内行政法学界，对行政诉讼类型化这一命题都表现出明显的"集体无意识"，直到近几年来，国内少数行政法学者才开始意识到行政诉讼类型化的潜在意义，并进行了初步探讨。[1]

二、行政诉讼类型之展望

（一）我国行政诉讼类型化的基本标准

在分析了我国行政诉讼类型化的缘由及其现状之后，接踵而来的问题便是"我国究竟应当规定哪些类型的行政诉讼？"显然，对这一问题的回答有赖于类型化标准的确立。只有建立在科学、明确的标准基础之上的分类才能够更好地实现行政诉讼类型化的价值，否则，标准的模糊不定极有可能违背行政诉讼类型化的良好初衷。

除了诉讼请求的内容这一主导性标准以外，笔者认为，行政诉讼的类型化还需要考虑其他两项辅助性标准：其一，行政诉讼的标的是行政活动，但同为行政活动表现形式的行政行为、规范性文件制定行为及行政事实行为在很多方面就大不相同，因而需要分别设置相应的诉讼种类以便当事人的权益获得更充分的保护。其二，行政争议的性质。就直接功能而言，解决行政争

---

[1]　根据我们所掌握的资料，在大陆行政法学界，赵正群教授堪称最早关注行政诉讼类型的学者。早在 1995 年，他就撰文对行政之诉与诉权进行了"拓荒式"的研究，论者在阐述行政之诉与诉权理论的价值时特别指出："如果说对可诉性政行为的严格限定，特别是对行政诉权保护不力是造成当前行政诉讼案件数量不断下降的实务原因，那么诉与诉权理论不发达，缺乏内在活力则是造成行政审判'萧条'的理论根源。对此，可考虑借鉴诉的类型理论，依据我国行政诉讼法包容性较强的优势，启动和发展更多诉讼类型，以增强行政诉讼的活力。"参见赵正群：《行政之诉与诉权》，载《法学研究》1995 年第 6 期。在 20 世纪 90 年代中期能有如此深刻见解确属罕见，值得庆幸的是近几年来，中国政法大学的一批行政法学者已经开始关注行政诉讼类型化宏观问题的研究，代表性的成果有薛刚凌：《行政诉权研究》，华文版社 1999 年版，第五章"行政诉权与行政诉讼类型"；马怀德、吴华：《对我国行政诉讼类型的反思与重》，载《政法论坛》2001 年第 5 期；马怀德、张红：《试论行政诉讼的种类》，载《天津行政学院学报》2002 年第 1 期；马怀德：《行政诉讼原理》，法律出版社 2003 年版，第三章"行政诉讼类型论"；李红枫：《行政诉讼类型论纲》，载《研究生法学》2003 年第 1 期。

议即为行政诉讼制度的第一性功能。然而，行政争议却是一个外延十分广阔的概念，它既包括行政主体在对外管理过程中与行政相对人之间发生的争议，也包括行政主体相互之间及与内部成员之间发生的争议，甚至还包括那些与相对人个人权利无直接关系的争议。由于不同种类的行政争议在性质、特征等方面均相去甚远，因而也需要通过设置不同种类的诉讼来寻求各种行政争议的解决。

（二）我国行政诉讼的基本类型

笔者认为，我国行政诉讼的类型化除了要坚持科学的划分标准以外，还应当顾及三项基本原则：一是对行政相对人诉权实行有效、全面而及时的司法保护；二是顺应全球化背景下各国行政诉讼制度相互借鉴的趋势；三是回应我国公民权利诉求以及行政纠纷日渐增多的现实挑战。综合考虑这些因素，笔者认为，我国今后应当确立九类不同的行政诉讼，分别是撤销诉讼、规范性文件审查诉讼、确认诉讼、课予义务诉讼、给付诉讼、行政公益诉讼、机关诉讼、当事人诉讼、预防性诉讼。[1]

1. 撤销诉讼

撤销诉讼是指公民、法人或其他组织认为行政行为[2]违法侵犯其合法权

---

[1] 需要指出的是，这些行政诉讼类型的划分带有一定的理想上义色彩，有的类型可能在近几年内还很难建立起来。换言之，行政诉讼类型的细密化、科学化受制于诸多外部条件。这些条件大致包括：行政诉讼受案范围的进一步拓宽；司法地位的进一步提升；行政诉讼观念的更新；行政法学理论的发达。虽然上述条件目前还不完全具备，但考虑到我国的司法改革已经开启、行政诉讼制革研究的兴起以及行政法官不断进行审判创新的事实，行政诉讼类型化的外部环境正日益改善。因此，在我国《行政诉讼法》将来的修改中，类型化并不是没有可能的。

[2] 在我国行政法学理上，行政行为是一个"令人十分头疼"的基本范畴。此处所谓的行政行为是指"具有行政权能的组织或个人行使行政职权或履行职责，针对行政相对人所作的直接产生法律效果的行为"。参见章志远：《行政为概念之科学界定》，载《浙江社会科学》2003 年第 1 期。

益而请求法院撤销该行为的诉讼。撤销诉讼是最常见的一类行政诉讼，其构成要件有二：一是行政行为的客观存在；二是原告主张该违法行为侵犯自身的合法权益。值得一提的是，能够提起撤销诉讼的不仅包括权益直接受到行政行为侵犯的相对人，而且还包括权益受到行政行为影响的其他利害关系人。

2. 课予义务诉讼

课予义务诉讼是公民请求法院命令行政主体作出特定行政行为的诉讼，主要包括不作为诉讼和拒绝作为诉讼两种情形。课予义务诉讼的最终判决关乎司法权与行政权的界限，因而法院必须审慎地作出。一般来说，如果经审查发现原告的请求确有理由且案情已经达到可以裁判的程度，则法院应当判决被告作出原告申请的行为；反之，如果案情尚未达到可以裁判的程度，则法院只能判决被告依照其自身的见解作出相应的行为。

3. 给付诉讼

给付诉讼是公民、法人或者其他组织请求法院命令行政主体作出财产或其他非财产给付行为的诉讼。在实践中，给付诉讼通常包括两种情形：一是财产给付诉讼，如行政赔偿、行政补偿、行政合同之诉；二是非财产性给付诉讼，如请求行政机关公布相关信息、给予某种荣誉等。一般来说，在前一类型的给付诉讼过程中，法院可以适用调解方式结案。

4. 确认诉讼

按照确认性请求内容的不同，确认诉讼又可以分为三类：其一，行政行为无效确认之诉。这是一类较为特殊的诉讼，日本行政法学理上称为"'乘坐定期公共汽车'而晚了点的撤销诉讼"[1]，可以考虑适用以下六项具体规则：①利害关系人可以在任何时候向法院提起无效确认的请求，即不受行政诉讼法所规定的诉讼时效的限制。②利害关系人在起诉之前无须先向原行

---

[1]　［日］盐野宏：《行政法》，杨建顺译，法律出版社 1999 年版，第 404 页。

政机关或其上级行政机关提出无效确认请求，即不受行政复议前置的限制。③利害关系人既可以直接提起单独的无效确认之诉，也可以在法定期间内通过提起撤销之诉主张行政行为无效（即选择适当诉讼种类起诉的风险不由原告承担）。④原告可以提供证明被诉行政行为无效的证据；原告提供的证据不成立的，不免除被告对被诉行政行为不存在无效情形的举证责任。换言之，在无效确认之诉中仍然应当坚持行政诉讼法所确立的举证责任，即当原告主张一个行政行为无效时，他应当提供该行为已经成立且与己有利害关系的证据；作为被告的行政机关而言，如果不能提供证据表明该行为合法，就应当全力证明该行为不存在法定的无效情形或违法尚未达到重大且明显的程度。⑤法院只能针对原告的诉讼请求行政行为是否无效进行审查，而不得进行一般的合法性审查。⑥法院在案件审结之后可以根据具体情形的不同作出三类判决：被诉行政行为存在无效事由的，依法作出确认无效判决；被诉行政行为有效的，依法作出确认有效判决；被诉行政行为仅存在一般瑕疵的，依法作出驳回诉讼请求判决。其二，行政行为违法确认之诉。此类诉讼的标的主要是已经执行完毕或因其他原因而消灭的行政行为以及所谓的事实行为。其三，行政法律关系存在与否确认之诉。此类诉讼一般是作为撤销诉讼的补充制度而存在的，即只有当行政相对人提起撤销之诉仍然不能获取救济的情况下才能运用。

5. 预防性诉讼

预防性诉讼是指为了避免即刻执行的违法行政行为给当事人造成无法弥补的损害，由行政相对人在行政行为付诸强制执行之前提请法院审查并阻止该违法行政行为实际执行的诉讼。预防性诉讼是一类极为特殊的行政诉讼，其确立的主要目的是防止违法行政行为的过早执行对相对人造成难以恢复的损害。尤其是随着行政机关强制执行权的不断扩张，更需要借助此类诉讼来切实维护相对人的合法权益。预防性诉讼具有三个特点：一是直诉性，即行政相对人无须经过行政复议程序即可直接向法院起诉；二是执行停止性，即只要行政相对人提起此类行政诉讼，被诉的行政行为就应当即自动停止执行；三是有限性，即行政相对人只能对法律所明确规定的部分行政行为立即执行将造成根本无法修复的情形（如房屋的拆除、物品的销毁等）提出请求。在这方面，德国的经验值得关注：在德国，预防性行政诉讼虽无制定法上的明确依据，但其法院判例及学说已经形成了相当完备的规定。德国的预防性行政诉讼包括预防性不作为诉讼和预防性确认诉讼两种。其中，预防性不作为诉讼的适用范围为行政处分和事实行为：行政处分又具体分为"即将发生附带刑罚、秩序罚的行政处分""短时间内终结的行政处分""可能造成既成事实的行政处分"和"迟到的行政处分"四种；事实行为则包括"资讯行为"和"公害"两类。预防性确认诉讼也有两种类型：一是"法律地位型"。这种案例并不是主张特定的不作为请求权，而是争执法律上地位的存否。这种地位的存否具有引导其他国家措施的功能。二是"义务型"，在这种类型中，原告与被告间对于是否原告必须服从特定的公法上法律制度发生争执，为了防止不利结果的发生，相对人可以要求法院预先确认该义务的有无。[1]有必要指出的是，伴随着我国城市化进程的迅速加快，因土地的征收或征用而引起的行政诉讼日渐增多，并已经演化为严重的社会问题。在此类诉讼中，往往都是土地被征收或征用的一方在其自身利益已经受到严重侵犯的情况下（即房屋被强制拆迁），于事后所提起的行政诉讼，很显然此类"马后炮"式的诉讼根本无助于公民私产的切实保护，原告一方最好的结果也仅仅是获得稍微多一点的补偿款而已。当前，这类事项尤其需要尽快纳入预防性行政

---

[1]　朱健文：《论行政诉讼中之预防性权利保护》，载《月旦法学》1996 年第 3 期。

诉讼的范围之中,通过司法力量的及时介入,有效地阻止"野蛮"拆迁的发生。[1]

6. 当事人诉讼

当事人诉讼是公民、法人或者其他组织提请法院审查因特定行政行为而引发的与行政机关之间或与其他公民、法人、组织之间争议的诉讼。一般来说,当事人诉讼既涉及行政争议,同时也涉及民事争议,但其最终解决的还是民事争议。因此,当事人诉讼的原被告分别是民事纠纷的双方当事人,行政机关只是作为第三人的身份参与诉讼。在我国,最典型的当事人诉讼是因行政裁决尤其是行政确权行为而引发的。既然当事人诉讼主要以民事争议的解决为最终目的,因而此类诉讼在审理过程中可以适用调解,也可以适用民事诉讼程序的相关规定。

7. 规范性文件审查诉讼

规范性文件审查诉讼是指公民、法人或其他组织认为行政机关所制定的规范性文件侵犯其合法权益而请求法院对其以审查的诉讼。与撤销诉讼所不同的是,此类诉讼的标的是规范文件,因而法院的判决具有广泛的适用力,一旦法院作出撤销或违法确认的判决,被诉的规范性文件即对任何人都丧失拘束力。值得一提的是,为了避免这一诉讼被滥用,法律应当规定只能由与规范性文件有利害关系的公民或组织提起。

---

[1] 近日报道了来自广州的一则消息:2003年9月8日,广州市国土资源和房屋管理局发出拆迁公告,声称因城市建设需要,决定收回番禺区新造镇小谷围艺术村、临江苑、谷围山庄地段范围国有土地使用权,要求在上述地段内的房屋及其附属物均须在2004年4月29日前拆迁完毕,以腾出土地兴建广州大学城。按照上述通告,一批始建于1994年的拥有各种合法手续的私人别墅将面临被强制拆迁的危险,为此,近百位颇有名望的艺术家业主为了维护自身的合权益已经向广州市中级人民法院及广东省高级人民法院提起了行政诉讼,参见《私人别墅遭遇公共利益之劫》,载《报刊文摘》2004年4月26日第4版。诸如此类的报道在当下的中国已经极其繁多,如果公民不能在强制拆迁之前及时向法院提起行政诉讼阻止拆迁的实施,那么等到拆迁完毕之后再行起诉就已经无法挽回其既成的损失。因此,这类事在目前应该首当其冲地被纳入到预防性行政诉讼之中。

8. 行政公益诉讼

行政公益诉讼是指公民、法人或者其他组织针对损害公共利益的违法行政行为所提起的行政诉讼。在我国，开辟行政公益诉讼并无多少理论上的障碍，且也是行政法制实践的迫切需要。尤其是对于正在迈向法治国家的中国而言，行政公益诉讼的建立不失为培养公民精神、以公民权利监控行政权力的一种制度尝试。从世界范围来看，从单一的主观之诉（即保护个人私益之诉）到主观之诉与客观之诉（即维护社会公共利益之诉）并重已经成为各国行政诉讼制度发展的一大趋势。日本的民众诉讼、美国的纳税人诉讼都是行政公益诉讼的典型代表。近年来，建立行政公益诉讼尤其是检察机关代表国家提起的行政公诉的呼声在各国学术界也日渐高涨。行政公益诉讼制度的建立必须解决好受案范围和原告资格两个核心问题，国内学者已经就此进行了广泛的研究，并提出了各种相应的方案。[1] 事实上，行政公益诉讼制度的建立需要经过周密的论证和深入的研究。在此，我们仅提出我国行政公益诉讼的若干主要规则：①原告的广泛性即任何人均可以普通纳税人的身份、任何团体均可以特定社会成员代言人的身份提起诉讼；②范围的限定性，即何种事项属于公益诉讼的范围应当在法律上作出特别规定从而防止公益诉讼被滥用；③由中级人民法院进行管辖；④原告胜诉应当获得相应的奖励。

9. 机关诉讼

机关诉讼是法院通过诉讼程序解决行政机关之间权限争议的诉讼。虽然传统观念常常视行政机关之间的权限争议为行政系统内部的纠纷而拒绝司法

---

[1]　对国内目前有关行政公益诉讼理论研究成果的初步综述可参见黄学贤：《行政公益诉讼：研究现状与存在问题》，江苏省行政法学会 2003 年年会论文。（2003 年 12 月江苏扬州）

的介入，但基于司法最终解决纠纷的原则以及现行行政处理方式的低效，特别是顾及此类纠纷的解决往往成为其他类型的行政案件的前提性问题，因而确有设立的必要。当然，此类诉讼须以特别法的规定为前提。由于此类纠纷不直接关乎相对人的权益，故法院可以书面的形式进行审理。

第三节　行政许可制度研究

在行政行为研究中，行政许可是一种被行政机关所频繁实施的行为，尤其是在长期实行计划经济体制的中国，行政许可更是政府依法对经济、文化和社会生活等各项事务进行管理的一种重要手段，以至于人们普遍认为计划经济就是"许可经济""审批经济"。诚然，行政许可的适度运用，既有助于弥补市场的缺陷，实现政府对经济及社会事务的有效控制，还有利于人民群众的生命健康，促进自然资源的合理使用，进而实现社会的可持续发展。

但是，实践同时也表明：过度的行政许可却限制了市场竞争，阻碍了市场经济的健康发展，且容易成为滋生行政腐败的温床。特别是处于社会转型时期的当代中国，行政许可的泛滥几乎成为一种制度性腐败。因此，对于这种具有双重效用的行政规制手段必须从法律上加以限制。如今，《中华人民共和国行政许可法》虽然已经正式公布实施，但这并不意味着行政许可领域诸多问题的研究也将随之终结，相反地，行政许可中的很多问题都还没有在理论上取得共识，仍然有进一步研究的必要。鉴于学界已经对诸如行政许可的原则、设定、主体、条件、程序、救济等基本问题做过详细探讨，为避免重复，本章拟对较有争议的行政许可的概念进行分析，并对当前行政许可领域存在的主要问题以及正在如火如荼地进行之中的行政审批改革予以述评，同时对已经出台的《行政许可法》的立法精神进行解读。

一、行政许可制度的基本概念与立法精神简述

（一）行政许可制度的基本概念简述

行政许可与我们通常所说的行政审批，是一对关系极为密切的概念，或者说是同一事物和过程的不同表述。在法律上讲，它们都是指行政机关根据自然人、法人或者其他组织的申请，经审查，准予其从事特定活动、认可其资质或者确定主体资格、特定身份的行为。有学者对行政许可与行政审批的区别作了探讨，如郭道晖教授认为："如果说，立法上'设定许可'是从法律上规限公民和社会主体行使某项法定权利资格与条件的权力；那么，行政执法上的'审批'，则只是一种职责，亦即有关行政机关的法定义务。"[1]王克稳先生提出："一般来说，行政许可在理论上及国家的正式立法上使用较多，而行政审批在其他规范性文件特别是地方政府颁布的一些决定、命令中更为常见；许可更多的是从相对人的角度去认识这一类行政行为，而对行政主体来说，相对人之所以获得了从事申请事项的活动的权利，是因为其审查并批准的结果，因而，行政审批更多地反映了行政主体对这一类行政行为的认识，许可反映的这一类行为的结果，而审批则是对这一类行为的过程的描述。

《行政许可法》采用"行政许可"概念，而没有使用"行政审批"概念是经过认真推敲的，从某种角度讲，用行政许可概念来代替过去凡事都要审批的做法，是一场深层次的观念和体制的变革。行政许可是国家行政机关依法准予行政管理相对人从事某项活动自由和权利的行政处理决定，是国家行

---

[1]　郭道晖：《行政许可的设定原则与分类》，载其《法的时代挑战》，湖南人民出版社2003年版，第394页。

政机关依照管理相对人的申请依法赋予其从事某项法律一般禁止的事项或者法律要求行政机关必须控制的事项的具体行政行为。[1] 这一概念的内涵迄今并不过时，至少包含以下四层意思。

1. 行政许可是行政机关的外部行政行为，它直接体现行政机关与行政管理相对人之间的行政法律关系

这层意思已在 2019 年 4 月修订的《行政许可法》中又一次得到了充分的印证。因为每一个行政机关，一方面是管理者，另一方面它们同时也是被管理者，在国家机构系统内部，在上级行政机关与下级行政机关之间，在行政机关与其他机关或其直接管理的事业单位之间，也存在着行政审批，但这些不属于《行政许可法》的适用范围。《行政许可法》第三条明确规定："有关行政机关对其他机关或者对其直接管理的事业单位的人事、财务、外事等事项的审批，不适用本法。"可见，行政许可所应对的是政府的社会管理领域，调整的是行政机关与行政相对人之间的外部行政管理关系。

2. 法律禁止和法律控制（限制）是行政许可存在的前提

《行政许可法》第二条规定："本法所称行政许可，是指行政机关根据公民、法人或者其他组织的申请，经依法审查，准予其从事特定活动的行为。"国务院提请全国人大常委会审议的《行政许可法（草案）》将行政许可分为普通许可、特许、认可、核准、登记五类，并相应地规定了实施各类行政许可的特别程序。但这引起了学者长期的争论，在实践中这些分类也会引起很多不必要的争议，因此《行政许可法》在最后通过之前，全国人大法律委员会为慎重起见，对行政许可没有作这样严格的分类。[2] 笔者认为，行政许可

---

[1]　杨海坤：《中国行政法基本理论》，南京大学出版社 1992 年版，第 329 页。

[2]　全国人大法律委员会：《关于〈中华人民共和国行政许可法（草案）修改情况的汇报〉》，2003 年 6 月 18 日。

总的来说可分为两类：一类是对法律禁止事项的个别解除，这是严格的特殊的许可，也称为特许；另一类则是法律或行政管理实际要求的加以控制（限制）事项的批准，这是现实生活中大量存在的行政许可，而这类许可往往为许多学者所忽视。目前，行政法学界比较流行的观点是：行政许可存在的唯一前提是法律禁止。[1]

3. 行政许可是一种经依法申请的行为，是行政机关依照行政管理相对人申请而作出的事先批准的行政行为

公民、法人或者其他组织从事特定活动，依法需要取得行政许可的，应当向行政机关提出申请。行政许可也并不是一经申请即可取得，而必须要经过行政机关的依法审查。这种审查的结果，可能是给予许可或者是不给予许可。行政许可在行为形式上一般是要式行政行为，许可证照作为行政许可的书面形式，直接体现了许可处理决定的法律效力，从而体现了行政许可行为的严肃性、权威性。

4. 行政许可是一种授益性行政行为，是准予行政相对人从事某种活动的具有法律效果的具体行政行为

一般行政处理决定按其内容可分为授益性行政处理决定和负担性行政处理决定，或称权利性行政行为和义务性行政行为。行政许可与行政处罚、行政征收等行政行为不同，后者是基于法律对行政相对人权益的一种剥夺和限制，而前者是一种准予当事人从事某种活动的行为。对于行政许可法律性质的讨论，学界一直有不同意见，主要有"特权（特许）说""解禁（权利恢复）说""赋权说""折中说""赋权—限权说""确认（验证）说""命令说""核

---

[1] 如国内权威行政法教科书即认为："相对人申请许可所获得的权利，无论是一般权利还是特许权，对一般人都是普遍限制或禁止的，非经允许从事这种活动行使这种权利是违法或受限制的。"

准说"等多种观点[1]。

笔者认为，在大力发展社会主义市场经济的今天，对行政许可行为性质的理解首先必须在观念上实现转变。在我们看来，现代行政许可制度本质上是寻求解决社会公共利益和个别社会主体利益之间矛盾的平衡器，其根本意义就在于保护和扩大社会主体之间的自由和利益。[2]应该看到，行政许可制度本质上是积极的，行政审批制度改革实质上是行政法制度向民主方向的发展。行政机关工作人员执行《行政许可法》，首先要改变传统的把行政许可看作自己对公民、法人和其他组织"恩赐""恩准"的个人权力的陈旧观念，而应看到行政许可立法归根结底是涉及国家与社会、政府与市场、政府与公民之间关系的重大调整，是为权利复归于社会主体、市场主体创造条件，因而具有深刻的民主意义。

（二）行政许可领域存在的主要问题

基于上述分析，我们可以看到行政许可领域存在的主要问题。在我国，虽然适度的行政许可有助于克服市场自身的局限，实现国家对经济及社会事务的有效控制，但由于缺乏必要的法律制约，许可设置过多过滥，程序烦琐，很多方面已经走向反面，成为阻碍经济发展、损害公民合法权益的"扰民"制度，有些还成为行政腐败的温床。从法律上看，目前我国的行政许可制度存在以下六个方面的突出问题。

---

[1] 有关行政许可法律性质各种观点的归纳及评价，可参见前引张步洪书，第9—17页；湛中乐：《中国法学会行政法学研究会1997年年会综述》，载《中国法学》1997年第5期；杨解君主编书，第75—82页；杨海坤：《跨入21世纪的中国行政法学》，中国人事出版社2000年版，第328—330页。

[2] 正如罗文燕女士所言："权利、权力及其关系是行政许可制度产生的逻辑起点，也是行政许可制度的法理基础，行政许可制度的实质就是针对相对人的某些法定权利的实现，设定合乎社会公共利益要求的相应条件和义务的一种法律制度，是权力介入权利实施干预的具体表现。"参见其著：《行政许可制度之法理思考》，载《浙江社会科学》2003年第3期。

1. 行政许可事项多、范围宽

在计划经济盛行的中国，行政许可几乎就是政府管理的代名词。一想到行政管理，人们马上就会想到行政许可。我国行政许可的种类之多、范围之广、事项之细是很多国家无法比的！同时，各个地方实施的许可也绝对不会少于中央行政机关的许可事项。由此可见，行政许可已经渗透到社会的各个领域、生活的每个角落，这是目前行政许可领域存在的首要问题。

2. 行政许可的设定不清晰

行政许可的设定是指哪些法律文件或机关可以决定对某一行业、某事项实行许可。在我国，从设定许可的规范形式上看，除法律、法规以外，规章甚至大量的规范性文件都在设定行政许可；从设定主体上看，除了全国人大及其常委会、国务院及其所属部门、省市级人大及其常委会和政府以外，有的县政府甚至镇政府、行政机关的内设机构都在明目张胆地设定各种五花八门的许可。

3. 行政许可的条件、标准不明确

行政许可的条件和标准是直接影响申请者能否获得许可的关键性因素。其中，行政许可的条件是指申请人取得许可必须达到的最低要求；行政许可的标准是由许可主体把握、据以作出是否许可决定的尺度。二者虽然都是法律对行政许可的要求，但前者是针对申请人提出的，而后者则是针对行政主体而提出的。在我国当前的行政许可实践中，法律文件对许可条件及标准的设定往往都比较笼统、模糊，有的甚至根本不做规定，这就使得行政许可机关事实上掌握了是否许可的绝对控制权。可见，许可条件和标准的不明不仅使申请者无所适从，而且也为行政不作为、乱作为提供了可乘之机。

4. 行政许可的环节多、程序烦琐

在当前行政许可的实践中，不仅存在着许可事项过多过滥的问题，而且许可的程序也异常烦琐、效率极为低下。一项许可，往往要经过几十、几百道手续；一个项目从申请到审批完毕耗费数月甚至数年都属常事。有些涉及多个部门许可的事项，只要某一部门或某一环节有所耽搁，整个许可的速度就会随之减慢，而某些许可机关习以为常的"研究研究"则更增添了许可的难度。此外，很多部门内部处室往往也设置审批程序，从而使内部程序纷纷转化为外部程序，本来只要向行政机关递交一份申请、只需接受一道处理决定的就演化为不得不向行政机关多个内设机构递交多份申请、接受多次处理决定，一个行政许可在事实上就"分化"为多个行政许可。如此一来，既降低了行政效率，也加重了申请者的负担。

5. 行政许可收费不明

由于我国现行的法律规范并未对行政许可过程中的收费问题作出明确规定，因而在利益的驱动之下，一些行政机关往往借行政许可之名大肆收费，从而使许可中的乱收费现象愈演愈烈。例如，"有的行政机关履行正常行政管理职能要收费；有的凭借手中的权力变无偿服务为有偿服务或者'搭车'收费；有的通过中介组织把本应由企业和其他组织自愿选择的服务变成强制服务；有的部门和地方越权设定收费项目"[1]。

6. 行政许可只重许可不重监管

事前的许可和事后的监管都是行政许可机关的职责，或者说，监管同许可一样，都是行政许可行为不可缺少的重要环节。然而，当前行政许可领域

---

[1]　国务院法制办公室：《关于〈中华人民共和国行政许可法（征求意见稿）〉的说明》（2001 年 8 月），第 9 页。

中的一个普遍现象是，实施行政许可的机关往往比较重视对申请者条件的审查，而对被许可人获得许可证以后的活动是否合法，是否危及公共安全、公共秩序，却疏于监督和管理。有的行政机关甚至只"批"不"管"，一"批"了事。事实表明，只重许可不重监管的结果是十分严重的。此外，由于行政许可机关疏于监管，导致非法转让、倒卖、出借许可证的现象十分猖獗，这不仅严重扰乱了正常的社会经济秩序，而且对人民群众的生命健康也造成了严重威胁。显然，这种做法不仅无法有效监控被许可人的生产、经营活动，而且还会因为年审收费致其成本增加而促使其变本加厉地从事违法活动，最终受害的自然是国家利益、社会公共利益和民众的根本利益。

（三）行政许可制度的立法精神简述

酝酿已久、草拟已久、人们期盼已久的《中华人民共和国行政许可法》已于 2003 年 8 月 27 日由十届全国人大常委会第四次会议以高票支持率表决通过，并受到了国内外的广泛关注。《行政许可法》是继 1989 年《行政诉讼法》及 1996 年《行政处罚法》颁布实施后我国行政法制建设领域又一部极其重要的法律，被法学界誉为"我国民主法制建设史上的又一座里程碑" [1]。

笔者认为，《行政许可法》的出台绝非偶然，是我国行政法制建设顺理成章的产物。它的诞生至少有以下几方面的动因。首先，为实现法治行政，从源头上预防和治理腐败，必须全面规范行政许可的设立和实施。改革开放以来的四十多年，正是我国从实质上开始迈向法治目标的四十多年，法治国家作为最先进的国家治理模式，要求社会是法治社会、政府是法治政府，因此依法行政成为依法治国的必不可少的重要内容。四十多年来，我国先后制定了《行政诉讼法》《国家赔偿法》《行政处罚法》《行政监察法》《行政复议法》等基本的行政法律，从行政组织、行政行为、行政监督等各个角度

---

[1]　《法制日报》2003 年 8 月 28 日第 3 版。

逐步完善行政法制。特别是行政许可、行政处罚、行政收费被公认为直接与公民、法人和其他组织利益息息相关的三类行为。在《行政处罚法》出台以后，人们对行政许可的规范化问题日益重视起来，而且笔者发现，行政许可权力的适用范围远比行政处罚范围广，其影响力也更大，其导致腐败的可能性也更大。

其次，为建立法治政府，巩固行政审批制度改革成果，必须全面规范行政许可的设立和实施。法治国家作为最合潮流的国家治理模式要求整个社会是法治社会，要求其政府是法治政府。法治政府有着丰富的内涵，它应该是一个阳光政府、服务政府、诚信政府、高效政府和责任政府。在行政许可制度方面，尤为突出地表现为政府是否讲诚信、是否高效、是否能为人民提供更多的服务并负起责任来。在高度集中的计划经济体制下，内部行政审批制度异常发达，而外部行政审批制度空间很小；改革开放以后，计划经济体制开始向市场经济体制转变，从而出现了大量行政审批，但法制化、规范化程度很低，因此，行政许可制度的改革就成为建设法治政府的关键，要打造一个服务政府、诚信政府、高效政府、责任政府，必须制定《行政许可法》。我国《行政许可法》首次肯定了行政许可领域的合法信赖保护原则，创设了许多便民服务的措施，并用法律形式将许可的法律责任确定下来，使我们在建设法治政府的道路上又稳健地前进了一大步。

最后，为顺应市场经济的发展要求，特别是履行我国加入世界贸易组织有关承诺，必须全面规范行政许可的设立和实施。全球化尤其是经济全球化是世界各国所共同面临的一种发展趋势，它要求各国政府必须以更为开放的、前瞻性的姿态对本国经济及社会事务进行管理，自觉地建立以"公共服务"为价值取向的新的行政管理模式，尤其是行政管理的理念正在发生实质性的变化，即从"权力中心主义"开始逐步让位于"权利中心主义"，从"全能政府"开始向"有限政府"转变。在传统的"权力中心主义"观念统治下，政府垄断公共权力，导致行政职能和行政权空前膨胀，成为公共权力腐败的制度化基础；在"权利中心主义"观念统治下，政府职能并不是消极无为的，而是在宪政规制下积极有效地行使行政管理权，在这里，权力存在的基础是权利，权力存在的目的就是为了更好地保护权利，行政服务开始取代行政规制。

同时，不容忽视的是《行政许可法》的制定是我国迈向法治政府的新的重要里程碑，它揭开了建立现代法治理念下的行政许可制度的序幕，标志着我国政府法治进程正向纵深方向发展。笔者认为，《行政许可法》的原则集中体现在以下四个方面。

1. 合法

法治政府的第一要义就是保障人民的自由，而要保障人民的自由，就必须限制政府的权力，限制政府规制的范围。"行政权力的运动是自上而下的放射状结构，且每经过一层中介，其放射都要扩大一定的范围；而各级权力行使者又常常产生扩大权力的本能冲动，这就使行政权力具有一种无限延伸的动力。"[1]《行政许可法》对行政许可权力的限制体现了法的原则性，又体现了法的灵活性。为了保障国家法制的统一、市场经济的统一，克服部门利益保护和地方利益保护主义的弊端，根据《行政许可法》第十四条的规定：法律可以设定行政许可。尚未制定法律的，行政法规可以设定行政许可。必要时，国务院可以采用发布决定的方式设定行政许可，但有附带条件的限制。应该说，《行政许可法》体现了法治政府的鲜明特点，表明法律之下的政府并不是消极无为的政府，而是在法律范围内可以积极活动的政府；同时，法律之下的政府又应当是一个高度负责的政府，它必须忠诚地履行法律所赋予的职责，以维护人民的利益和社会的公共秩序。

---

[1] 张国庆：《行政管理学概论》，北京大学出版社1990年版，第227页。

2. 高效

长期以来，人民群众对一部分带有官僚主义习气的行政部门经常以"门难进、脸难看、事难办"的"三难"来加以形容。因此，以立法形式对行政许可的期限、步骤、手续进行全面规范并形成程序简化和高效率的许可体制便成了《行政许可法》的重要任务。此外，《行政许可法》还在总结实践经验、借鉴国外行之有效的做法的基础上，精心设计并规定了"一个窗口对外""一站式服务""政务超市"等崭新的制度，从而简化了审批程序。该法第二十五条规定："经国务院批准，省、自治区、直辖市人民政府根据精简、统一、效能的原则，可以决定一个行政机关行使有关行政机关的行政许可权。"第二十六条规定："行政许可需要行政机关内设的多个机构办理的，该行政机关应当确定一个机构统一受理行政许可申请，统一送达行政许可决定。行政许可依法由地方人民政府两个以上部门分别实施的，本级人民政府可以确定一个部门受理行政许可申请并转告有关部门分别提出意见后统一办理，或者组织有关部门联合办理、集中办理。"

此外，《行政许可法》有关条款还规定行政许可申请，可以通过信函、传真、电子邮件等书面方式提出，申请材料存在可以当场更正的错误的，应当允许申请人当场更正等内容。所有这些规定，其目的都在于提高行政机关的工作效率，方便人民群众。

3. 有序

在世界各国走向法治国家的进程中，一个非常突出的法律现象就是作为行政法治之核心的行政程序制度的兴起和发展。一方面，我国理论界与立法部门目前正在积极合作，广泛深入地开展调查研究，认真总结实践经验，立足国情，借鉴国外行政程序法中的有益做法，争取早日制定一部符合我国国情的行政程序法典；另一方面，理论界和立法部门又不放弃现实的努力，首先针对迫切需要规范的某一类行政行为的程序进行先期立法。1996 年的《行政处罚法》即是最典型的单行行政程序立法，而《行政许可法》则是 21 世纪初又一个成功的典范。更为重要的是，以专门而统一的法典来规范行政许可在人类历史上尚属首次，"说不上是绝后，至少是一个空前的法律，说得上是人类空前的法律"[1]。因此，这不仅是中国的一个独创，而且在世界行政程序法制建设史上也是突破，有创新意义。

《行政许可法》的主体部分在行政许可的实施程序。由此可见，《行政许可法》主要就是有关行政许可的程序法。该法对行政机关及行政许可申请人、利害关系人等当事人在行政许可实施中的各阶段、各环节中的程序都作了细致、明确而科学的规定。例如在"申请与受理"阶段，对申请人提出申请，提出法定要求，同时对行政机关提出处理要求，行政机关无论受理或者不予受理行政许可申请，都应当出具加盖本机关专用印章和注明日期的书面凭证；例如要求行政机关推行电子政务，与其他行政机关共享有关行政许可信息，提高办事效率。在"审查与决定"阶段，《行政许可法》第三十四条规定："申请人提交的申请材料齐全、符合法定形式，行政机关能够当场作出决定的，应当当场作出书面的行政许可决定。"第三十七条规定："行政机关对行政许可申请进行审查后，除当场作出行政许可决定的外，应当在法定期限内按照规定程序作出行政许可决定。"第三十八条规定："行政机关依法作出不予行政许可的书面决定的，应当说明理由，并告知申请人享有依法申请行政复议或者提起行政诉讼的权利。"此外，该法还规定行政机关在对许可申请进行审查时，应当听取申请人、利害关系人的意见；准予行政许可的决定应当予以公开、公众有权查阅等。应该说，这些程序规定是相当全面和严格的，特别是对行政许可机关提出了相当高的程序要求。

---

[1] 参见马怀德教授于 2003 年 10 月 17 日在西南政法大学所做的学术报告"我国行政许可法的回顾与前瞻"，载西南政法大学"宪行天下网"。

　　与行政许可程序密切相关的是收费制度。《行政许可法》专门设立第五章加以规范，并确定了不收费原则。我国澳门地区行政程序法典中曾经确定了行政程序法的无偿原则，对此我们予以借鉴，并且加以细致的规定：行政机关实施行政许可和对行政许可事项进行监督检查，不得收取任何费用（法律、行政法规另有规定的除外）；依照法律行政法规收取费用的，必须全部上缴国库。这些规定，对于约束行政许可行为、减少行政工作人员违法违纪几率、消除滋生腐败的土壤和条件、树立执政为民的政府形象都有着不可估量的重要意义。

　　4. 利民

　　《行政许可法》中不少便民的规定，笔者认为：用"便民"来概括《行政许可法》基本精神尚不全面。笔者认为，用"利民"精神来概括更为妥当。"利民"不仅包括了"便民"，而且从更广、更深的意义上表达了《行政许可法》的根本宗旨和基本精神。法律归根到底是对社会利益关系的调整，《行政许可法》不仅关注作为行政许可一方申请行政相对人的利益要求，而且注意对其他利益相关人的利益考量。例如，该法第三十六条和第四十七条对许可涉及的利害关系人都作了程序保护的规定。此外，还有一些针对其他相对人或公众利益保护的程序性规定，考虑都十分周密。总之，《行政许可法》充分注意到了多方行政法律关系主体之间利益的综合平衡，充分注意公共利益与私人利益之间的平衡，体现了"权为民所用""利为民所谋"的良苦用心。

　　为了实现执法为民的宗旨，《行政许可法》在加强监督检查和保障行政相对人获得法律救济之道以及追究法律责任等方面都作了比较周密的安排。《行政许可法》第六十条规定："上级行政机关应当加强对下级行政机关实施行政许可的监督检查，及时纠正行政许可实施中的违法行为。"第六十一条规定："行政机关应当建立健全监督制度，通过核查反映被许可人从事行政许可事项活动情况的有关材料，履行监督责任。"同时，该条还对行政机关实施监督检查提出了具体的实体法和程序法要求。此外，该法第六十九条和第七十条还对可撤销行政许可和注销行政许可作了具体规定。

笔者认为，我国《行政许可法》的出台存在不少成功之处值得我们借鉴学习，其主要体现在三个方面：首先，在借鉴国外法律制度时，笔者还没有发现一个发达国家制定过一部统一的行政许可法对各国涉及各个管理领域的行政许可加以统一的规范，而我们则根据我国国情的需要，理论研究先行，对广泛存在的行政许可制度在实践中作了全面调查研究，这也充分体现，我们在行政法制建设方面已经有相当的自信心和骄人的成绩。

其次，我们紧紧围绕《行政许可法》制定的目的，对行政许可滥设的现象进行规范。为达到行政许可法的立法目的，学者们提出的原则性列举得到了采纳，对不能设定许可的情况则以反面排除的方式作出了规定。这一提议，创造性地提出了要抓住克服滥设滥用许可的重点，从复杂的立法程序中寻找到了合适的路径，使该法对社会干预做到既有所规范又不规范过度，从而使权力介入权利保持恰当维度，化繁为简、化难为易，充分体现了学界学者、我国立法者的立法技术和智慧。

最后，本次《行政许可法》的出台是建立在反复修改并保证立法质量的基础上的。本次的行政立法经过了反复论证、反复修改，才逐步成了最初的征求意见稿，在日臻完善后发给各地方部门及学者专家，广泛征求意见，终形成了《行政许可法（草案）》。概而言之，该法从起草到通过的过程，前后经国务院、全国人大常委会多次审议，工作细致，作了多次修改与补充，本着对其高度负责的态度，较好地保证了立法质量。

当然，《行政许可法》实施中面临的问题也不容忽视。基于上述分析，对《行政许可法》实施中所面临的诸多困难和问题必须予以充分的估计。笔者认为，这些问题至少包括以下两个方面：

其一，现行《行政许可法》一个显著的特点就是涉及地方行政机关与部门行政机关的利益，这会对我国行政机关及其公务人员守法意识等提出较高的要求。其二，法律的自身局限性在实施中会显现出来。我们知道，《行政许可法》是在我国经济体制转轨时期和社会转型时期起草颁布的，它必然带有时代的烙印和不可避免的时代局限性。由于行政许可现状呈现异常复杂的状态，理论把握上还有某些不足，因此立法一些不明显的疏漏和矛盾在实施中很快就会凸现出来。

综上，可以预见的是《行政许可法》中的许多内容将在实施中进一步完善。因此，如何规范行业组织或中介组织的行为，也是一个必须持续关注和探究的新问题。我们坚信，伴随着行政法学理及实践的发展，许多问题需要在现有理论的基础上继续探索。总而言之，《行政许可法》不仅分别规定了加强对行政机关实施行政许可的监督检查和行政机关对被许可事项活动实施有效的监督，从而形成严密的监督体系，而且还规定了行政复议、行政诉讼、行政赔偿和行政补偿等组成的严密的法律救济体系，这使得行政相对人与行政机关在行政许可这一法律关系的互动中拥有了更为宽阔的空间。

二、对现行制度改革评述的几点思考

正是基于行政许可领域诸多问题的存在，特别是在我国正式加入 WTO 前后，行政审批制度的改革不断升温，日益成为我国政府行政管理体制改革的中心课题。[1] 在我国行政改革即将整体推进的背景之下，对行政审批改革进行回顾，评点其得失、总结其经验与教训显得十分必要。笔者认为，主要体现在以下几个方面：

在高层的不断推动之下，近几年来，我国行政审批制度改革取得了不少

---

[1] 如湛中乐先生即认为，中国加入 WTO 再一次吹响了加速我国行政审批制度改革的号角，为我们更深刻地认识行政审批制度提供了一种新的视角，也为促进其进行实质性的改革提供了一个新的契机，因此，"入世"可以说是中国行政审批制度改革的"催化剂"。参见湛中乐：《中国加入 WTO 与行政审批制度改革》，载《中外法学》2003 年第 2 期。

成果,各地、各部门都积累了一些有益的经验,有的还被2019年4月出台的《行政许可法》所吸收。从总体上来看,行政审批制度改革的主要成果集中体现在两个方面:首先,大量削减行政审批项目。在过去几年的行政审批改革中,从中央到地方大量削减行政审批项目的消息在学界引起了广泛的讨论。但就总体而言,在过去的一段时间里,我国行政审批事项有了大幅度的削减。在这一过程中,不仅政府的职能进一步得到了明确,而且企业和公民也直接从中受惠,从而使整个社会迸发出勃勃的生机。可以说,审批项目的减少是我国行政审批改革所取得的最大成就。其次,改进行政审批方式。行政审批改革过程中的另一亮点就是审批方式的简化,虽然各地使用的名称不尽相同,但其目的都在于简化审批手续、提高办事效率、彰显服务理念。例如,"政务超市"最早是在浙江省金华市建立起来的。

基于上述,我们认识到,行政审批改革固然取得了一定的成就,但由于这场改革本身还存在诸多问题,因而对行政审批改革的成果不能过于乐观。笔者认为,行政审批制度的改革呈现出以下两个鲜明的特点。

1. 自上而下的"命令式""动员型"改革

就其具体表现形式而言,往往是高层通过确定改革目标与指导思想、分解改革任务、成立领导机构等手段要求地方和部门进行具体改革,并将各项指标的完成情况作为考核各级领导和部门的重要依据。我们注意到,近几年来,为了进一步推进行政审批改革,高层推出了一系列重大举措。不容置疑的是,有了高层的大力支持和坚定决心,行政审批改革的直接效果立竿见影。然而,这种自上而下的改革模式很快就显露出不足之处:为了完成上级的指标,下级往往片面地追求短期效应,盲目应付来自上级的各种检查与考核,其实际效果却令人汗颜。在各项改革尤其是经济发展任务极为繁重的当代中国,这种并不能对经济增长产生直接效益的行政审批改革很容易遭到社会各行政法制系统的抵制,更不利于法制进步。

2. 单项突进的"人治式"改革模式

行政审批改革的另一个典型特征就是单方面地进行行政审批制度的改革。就目前已有的几次行政审批改革的具体情况而言，单项突进改革注定只能取得某些短期的效应。更重要的是，笔者认识到，行政审批制度的改革，本质上是政府的一场自我变革，是为建立现代化行政管理体制而破旧立新的一项长期工作，涉及公共权力、公共资源的再分配，涉及部门权力和利益的再调整、再细化，的确不可以操之过急。

梳理上述意见，笔者认为以上问题的解决，必须放置在我国行政改革的整体推进中，即不仅需在行政许可法大框架下进行，而且还要进行其他相关的改革，至少应当包括：行政机构改革、行政信息公开改革、审批领导机构自身的改革等方面。笔者坚持认为，上述改革一定会随着我国法制的不断进步取得良好进展，行政法体系所包含的基本法治精神也将会在实践中逐渐体现。

第三章
行政法热点问题研究

第一节　行政听证制度研究

"行政听证"一词起源于西方法学界的法律制度,对于绝大多数国内学者而言,是一个相当陌生的概念。自从1996年《中华人民共和国行政处罚法》首度引入处罚听证程序以来,"听证"这一行政法专业词汇才渐渐走进大众的视野。在我国,最早是1998年5月1日正式实施的《中华人民共和国价格法》确立了价格听证制度,要求"制定关系群众切身利益的公用事业价格、公益性服务价格、自然垄断经营的商品价格等政府指导价、政府定价,应当建立听证会制度",这一表述开启了我国行政决策领域引入听证程序一系列制度的先例。2001年8月1日国家计委正式制定实施的《政府价格决策听证暂行办法》以及2001年10月25日公布的《国家计委价格听证目录》,则进一步为价格听证制度的具体实施提供了重要的法律保障。

值得我们注意的是国务院在2001年11月16日公布的《行政法规制定程序条例》和《规章制定程序条例》中进一步肯定并具体化了有关行政立法听证程序的规定,从而标志着我国行政立法听证制度的健全。另外,2002年11月22日,国家发展计划委员会又在总结全国各地价格听证会经验的基础之上公布了新的《政府价格决策听证办法》，这标志着我国价格听证制度法制化水平的进一步提高。而我们熟悉的 2003 年 8 月 27 日通过的《中华人民共和国行政许可法》就行政许可设定及实施过程中的听证程序作了专门规定，从而标志着我国行政许可听证制度的正式建立。该项规定吸取了先前立法中有益的经验并进行了大胆的创新，对我国今后的行政程序立法具有重要的示范意义和表率作用。

笔者认为，可以预见的是听证程序即将被引入我国非诉行政执行等领域。更加令人关注的是，在由我国一些著名行政法学者领衔起草的《行政程序法》中，也已经开始存在有关于听证程序的详细规定。[1] 这表明我国学术界在行政听证的适用这一重要研究议题上已经达成了相当程度的共识。上述立法规定显示出听证制度已经走入我国学界对行政成文法的视野之中。更进一步，行政听证尤其是价格听证已经为我国众多普通公民所知。例如，2002 年 1 月 12 日第一个全国性行政决策听证会——铁路价格听证会及 2003 年 7 月 15 日又一个具有里程碑意义的全国性行政决策听证会——民航价格听证会，经中央电视台、中央人民广播电台、新华网等重要媒体现场直播以后，在全国引起了强烈反响。亦即是说，在短短的几年时间里，听证会的兴起在我国已经成为一种引人注目的社会现象，其所传递的关于重大行政决策之前应当听取意见的观念也逐渐为社会所认同。

笔者注意到，我国行政法学界也对行政听证制度的理论研究给予了足够的关注。特别是近几年来，理论界对行政听证问题进行了深入的研究和探讨。

---

[1] 例如，皮纯协教授领衔起草的《行政程序法（建议稿）》第 60—69 条规定了具体行政行为的听证程序；姜明安教授领衔起草的《行政程序法（试拟稿）》第 57—59 条分别规定了行政决策和行政处理听证制度；应松年教授领衔起草的《行政程序法（试拟搞）》第 67—79 条对行政决定的听证程序作了详细规定；江必新教授领衔起草的《重庆市行政程序暂行条例（试拟稿）》第 61—79 条对制定行政规范和作出行政决定所适用的听证程序作了详细规定。

下面，我们将对近年来学界有关行政听证问题的研究成果进行简单的梳理。从现有的研究成果来看，学界对行政听证的研究与探讨重要是从以下三个方面展开的：

一是部分学者在其撰写的比较行政程序法著作中对各国的行政听证制度进行了初步的比较研究。例如，部分学者以专章的形式对美国、奥地利、西班牙、德国、日本、英国、法国七个国家和中国澳门、台湾地区的行政听证制度进行了比较研究[1]；这些比较研究为学界了解全球的行政听证制度提供了很好的素材和指导价值。

二是部分学者以专著的形式对行政听证制度进行了系统研究。在这方面，部分顶尖学者撰著作，对听证的基本理论及其实际操作问题都进行了极为细致、深入的探讨。可以说，这些著作的问世标志着我国行政立法听证制度理论研究的渐趋成熟。[2]

三是学者们以专题论文的形式对行政听证的若干具体问题进行了深入探讨。根据近年来国内学者有关行政听证研究的专题论文不下百篇。就其所关注的行政听证的问题而言，主要涉及以下七个方面：

（1）行政听证制度的价值、功能及理论基础。在此，笔者意识到，行政立法听证具有实现直接民主、扩大民主参与、提高立法质量、减少执法成本、协调各种利益关系等功能，而行政执法听证则具有查明事实真相、保证行政自由裁量权公正行使、为公正裁决提供程序保障、提高行政执法活动透明度、增加行政行为可接受性等功能。行政听证制度的价值取向则是注重公平并兼顾效率。同样的，我们也看到，行政听证程序具有外在价值与内在价值两个

---

[1] 皮纯协：《行政程序法比较研究》，杭州大学出版社 1997 年，第 151—192 页。

[2] 需要说明的是，该书虽以"立法听证"为题，但其所揭示出的基本原理也同样适用于行政立法听证程序。更何况其所指称的"立法"本身就包括行政立法在内。因此，将其视为国内第一部行政立法听证研究的著作并无不当。

方面。听证程序在价值取向上更侧重于公正，同样也不放弃对效率的追求；在程序公正与效果公正的关系上，认为一切形式的听证程序都可以满足程序公正的最基本的条件，可以成为公正程序，同时听证程序也有利保障结果的公正，但这不能避免出现不公正结果。

（2）行政听证的法律性质。仅仅将听证视为一种程序是远远不够的。在行政程序法中，听证的含义是多重的，它既是现代行政程序法上的一项重要的法律制度，也是一项具体的行政活动程序，还是行政相对方当事人的一项重要的行政权利。[1]

（3）行政听证的基本原则。有学者提出，各国关于行政听证制度所共有的原则包括公开原则、职能分离原则、事先告知原则、案卷排他性原则四项；也有学者认为行政处罚听证的原则包括职能的内部分离原则、意思先定原则、法规则准用原则、技术性审查原则等。[2]

（4）行政听证的适用范围。一般来说，发生不利行政行为是确定听证程序适用范围的首要前提，当事人权益遭到何种损害则是确定听证程序适用范围的具体标准。

（5）行政听证的主持人和当事人。笔者认为，听证程序的实施质量如何在相当程度上取决于听证主持人。为此，我国应当从建立职能分离、回避及禁止单方面接触三项限制性法律制度入手保障听证主持人的独立性。

（6）行政听证的具体操作问题。例如，听证程序中的举证责任分配问题中涉及的行政机关承担举证责任为主、当事人承担举证责任为辅的分配机制等配套机制。

（7）行政立法听证的基本问题。学界已经有多位学者分析了行政立法引入听证程序的必要性，并就行政立法听证的范围及方式等问题作了初步

---

[1] 王克稳：《略论行政听证》，载《中国法学》1996年第5期。

[2] 叶必丰：《行政处罚听证的原则》，载《河北法学》1998年第6期。

探讨。[1]

　　综上分析，我国行政法学界在行政听证尤其是行政处罚听证领域已经取得了相当丰硕的研究成果。进一步说，学界已经在诸如扩大听证程序的适用范围、保持听证主持人的独立性、提高听证笔录的法律效力等问题上形成了广泛的共识。虽然国内有关行政听证制度的研究成果已经相当富有成效，但对于行政听证这样一个从西方舶来的课题来说，还有很多值得进一步探讨的理论及现实问题。笔者在下文将结合中外行政听证制度存在的法理基础和我国对现行法律的有关规定重点探讨我国的价格听证和行政许可听证制度，并进行简要分析。

一、行政听证制度的法理基础

　　世界上最早以成文法的形式明确规定行政听证制度的国家是美国。1946年《美国联邦行政程序法》对制定法规及行政裁决所适用的听证程序作了十分详细的规定，且为众多国家和地区的行政程序法效仿。其次，英国普通法中的自然正义原则一般被认为是西方听证制度最早的法理基础，以后美国的正当法律程序原则又深化了这一法理基础。反观我国，当今在行政处罚、行政立法及价格决策等领域已经建立了独具特色的行政听证制度。我们一方面借鉴了西方制度设计的成功经验，另一方面又总结了中国固有的立法司法经验，做到了兼收并蓄。在中国宪法规定和有关理论中可以找到自己的依据。下面我们对英美两国此领域的基本原则进行简析。

（一）英国的自然公正原则

　　自然公正原则在英国是一个非常古老的原则，在英国，自然公正原则是

---

　　[1]　毛原:《论听证及其在我国行政立法中的运用》，载《行政法学研究》1999年第3期。

最基本的公正程序原则，只要成文法没有排除或另有特殊情况外，行政机关都要遵守。这一制度的两个最基本的程序规则是：第一，任何人不能在自己的案件中充任法官；第二，任何人在行使权力可能使别人受到不利影响时必须听取对方意见，每一个人都有为自己辩护和防卫的权利。对公正程序而言，听取两面意见是根本。换言之，自然公正原则为英国听证制度奠定了坚实的法理基础。

（二）美国的正当法律程序原则

美国法源于英国法，美国"正当法律程序"原则可以追溯到英国的普通法原则以及英国 1215 年的《自由大宪章》。美国宪法修正案第五条规定："未经正当的法律程序不得剥夺任何人的生命、自由或财产。"这条规定适用于联邦政府机关。宪法修正案第十四条规定："任何州不得未经正当的法律程序而剥夺任何人的生命、自由或财产。"我们可以理解为，正当法律程序在行政领域的最基本要求包括通知、听证及理由之陈述，意即行政机关在作出对公民个人权利或财产有不利影响的决定时，应及时通知当事人，必须听取当事人的意见，给当事人充分陈述自己立场的机会，并使当事人获知作出该决定的理由。行政听证在美国是宪法规定的正当法律程序的具体内容，因此，它是直接来源于宪法的程序制度，其效力高于行政法上一般规定的程序规则。

进入 21 世纪，学界注意到，美国社会中行政权有着明显的扩张趋势。行政机关拥有了行政立法权与行政司法权，这对公民的合法权益构成了极大的挑战。可见，美国行政听证制度一直是以正当法律程序为其法理基础的，因为正当法律程序的基本含义就是公正地行使权力，使公民的生命、自由、财产免遭非法剥夺。我们注意到，在当下的美国，正当法律程序是一个灵活适用的程序，只要求某种形式的听证，不要求固定形式的听证。然而任何一种听证形式，必须包含正当法律程序的核心内容：当事人有得到通知及提出辩护的权利。总之，笔者认为是否具备这两项权利，是区别公正程序与不公正程序的基本判断立场。

（三）我国行政听证制度的法理基础简述

基于中国特殊的权力本位思想，我国历史上没有孕育出自然公正及正当法律程序原则。从根本上来说，中国的行政听证制度是大胆借鉴西方制度的结果。[1] 我国现行宪法明确规定：一切国家机关和国家工作人员必须依靠人民的支持，经常保持同人民的密切联系，倾听人民的意见和建议，接受人民的监督，努力为人民服务。这里，"倾听人民的意见和建议"的规定充分地反映了我国政府管理的本质特点，它为包括听证在内的行政程序制度的发展指引了方向。听证制度无论是在作出具体行政决定之前的听证，还是在行政决策过程中都可以作为公民直接参与行政活动、表达自己意志的有效方式。从这个层面上来说，行政程序制度将充分体现我国宪法的基本精神和精神内涵。

二、关于我国价格听证问题研究

众所周知，自 1998 年 5 月《中华人民共和国价格法》正式实施以来，价格听证制度在我国已经运行了多年。在展开论述之前，我们有必要首先回顾我国价格听证证制度主要包括的基本内容。

---

[1]　关于我国行政听证制度的由来问题，学界不乏争论。有一种观点即认为当代中国的行政听证制度是中国固有的优秀行政文化传统的发展，是已有的行政制度的完善和发展。我们不赞同这种看法。正如我们在本书第一章讨论中国行政法的起源问题时所言，真正意义上的行政法只能起源于中国 20 世纪 80 年代之初的经济及政治体制改革。对上述观点的具体评析可参见前引杨海坤《行政听证程序——中国行政程序制度的重要突破》一文。

（一）我国价格听证制度的基本内容

1. 价格听证适用范围

根据《价格法》第二十三条的规定，实行价格决策听证的商品和服务的范围主要有三类：一是重要的公用事业，这是指为适应生产和生活需要而经营的具有公共用途的服务行业，如公交、邮政、电、供气等；二是重要的公益性服务，这是指涉及公众利益的服务行业，如教育收费、医疗收费、有线电视收费等；三是自然垄断经营的行业，自然垄断经营主要是指由于自然条件、技术条件以及规模经济的要求而无法竞争或不适宜竞争形成的垄断，如自来水、铁路、燃气价格等。当上述商品或服务实行政府指导价或政府定价时，一般都需要由政府价格主管部门在事前组织召开听证会。2001 年 10 月 25 日，国家计委公布了价格听证目录。

但是，各地列入价格听证目录的商品和服务项目不一，大多都是与居民生活密切相关的商品和服务。此外，根据《国家计委价格听证目录》及《政府价格决策听证办法》（以下简称为《办法》）有关条款的规定，对未列入中央及地方价格听证目录但关系群众切身利益的商品和服务，政府价格主管部门在制定或调整价格时如认为确有必要的，也可以组织听证。由此可以得出结论，我国价格听证的适用范围十分广泛，凡是已经列入听证目录的商品或服务价格以及政府价格主管部门认为确有必要的项目，都应当实行听证。

2. 价格听证的基本原则

价格听证的基本原则是指适用于价格听证程序所有环节的根本性指导思想。根据《办法》第五条的规定，我国价格听证的基本原则包括公正、公开、客观及效率四项内容。具体来说：

（1）公正原则。公正性是价格听证乃至一切行政听证活动的灵魂，也是应当遵循的首要原则。在价格听证的过程中，所有的程序布置、制度安排都应当以促进公正作为其出发点和归宿。一般实践中，我们要求听证会代表的结构要合理，尽可能照顾到社会的各个利益群体；听证材料应当在合理的时间内送交听证会代表，以便进行充分的准备进而提高发言的质量等。

（2）公开原则。价格听证中的公开原则，是指价格听证组织机关在举行听证活动时应当实现信息、过程及结果的公开。公开原则要求：听证会代表的遴选标准、产生过程、具体名单必须向社会公开；与听证事项有关的信息应当向代表及社会公开；举行听证会的时间、地点及主要内容应当先期公告；听证会的过程与结果要公开。

（3）客观原则。听证中，各方都必须以客观的态度来对待自己在听证过程中的每一项活动。也就是说，在听证中，听证组织机关应当按照听证事项所涉及的不同利益客观地选择听证会代表；听证申请人所提供的各种材料应当客观真实；听证会笔录应当客观地记载代表所提出的各种意见。

（4）效率原则。价格听证中的效率原则主要有三点要求：首先，听证会严格按照既定的议程进行；其次，各种活动都必须在规定的时限内完成；再次，代表的发言不得偏离价格听证的主题而任意发挥。

3. 价格听证的主体

价格听证主体是使价格听证得以举行以及实际举行过程中所有参与该活动的组织和个人。根据《办法》的有关规定，我国价格听证的主体包括价格听证的组织机关、申请人、主持人、听证会代表及其他参与人等。以下将对各类主体做简略概括：

（1）价格听证组织机关。根据《办法》第七条的规定，我国价格听证的组织机关是各级政府（包括国务院、省、自治区直辖市、市、县政府）的价格主管部门。

（2）价格听证申请人。根据《办法》第十四条的规定，价格听证的申请人是重要商品或服务价格的经营者或其主管部门，经营者也可以委托有代表性的行业协会等团体作为申请人。同时，据《办法》第十五、十六条的规定，在没有申请人的情况下，政府价格主管部门或者有权制定价格的其他有关部门应当依据定价权限提出定价方案；申请人的主要任务有：提出书面的听证申请；在听证会上向代表说明定价方案、依据和理由。

（3）价格听证主持人。价格听证主持人是指负责听证活动组织工作的调控，使听证活动按照法定程序正常、有序进行的工作人员。根据《办法》第八条的规定，价格听证主持人由政府价格主管部门有关负责人担任。听证主持人的主要任务就是指挥、引导听证会的有序、高效进行，并及时纠正听证会参加者的各种不当行为。

（4）价格听证会代表。根据《办法》第九条的规定，听证会代表应当具有一定的广泛性和代表性，一般由经营者代表、消费者代表、政府有关部门代表以及相关的经济、技术、法律等方面的专家、学者组成；听证会代表的具体人数及其构成由政府价格主管部门依据听证的内容而定。同时，根据《办法》第十条的规定，听证会代表可以采取自愿报名、单位推荐、委托有关社会团体选拔等多种方式生成。同时，听证会代表负有亲自参加听证、如实反映公众意愿、遵守听证纪律等义务。

（5）价格听证其他参与人。据《办法》的有关规定，这类人主要包括相关的评审机构及旁听人员。评审机构是接受政府价格主管部门的委托，对申请人所提供的财务状况的真实性和合理性进行评审的专门机构，其主要任务是在听证会上说明评审的依据和理由。

4. 价格听证的程序规则

价格听证程序是价格决策过程中的一种程序。价格听证的程序规则既为各方人员参与听证活动提供了基本的依据，也为价格听证制度目标的实现提供了相应的程序保障。价格听证主要包括三个基本的环节：一是听证会的筹备阶段。这一阶段的主要事项有：政府价格主管部门对申请人的书面申请进行审核并作出是否组织听证的决定；政府价格主管部门先期公告举行听证会的时间、地点和主要内容；确定听证代表并将听证材料寄送代表；决定听证会是否延期举行。[1] 二是听证会的举行阶段。三是听证会的收尾阶段。

（二）价格听证制度法律意义初探

根据《办法》第一条的规定，价格听证制度建立的初衷就是要"提高政府价格决策的科学性和透明度，促进政府价格决策的民主化和规范化"。笔者认为，价格听证的法律意义远不止这些，它对于提升普通民众在国家政治生活中的地位、增进政府的公信力、促进社会基本共识的达成，都具有重要的推动作用。价格听证制度的法律意义可以概括为以下四个方面。

1. 人格尊重

笔者认为，民主社会在国家机关作出重大决策之前，必须悉心听取人民的意见和诉求。[2] 价格听证的首要意义也正在于此。换言之，价格听证制度可以被看作一个国家是否尊重社会成员人格尊严的"窗口"，透过这个窗口，民主与专制、真民主与假民主便有了可靠的判断依据

2. 理性决策

学者研究表明，政府公共政策的形成总是一个不断进行政策诉求、选择、

---

[1] 例如，最近一次召开的"民航国内航空价格改革方案听证会"原定于2003年4月24日举行，后因"非典"疫情的影响推迟于2003年7月15日举行。

[2] 正是出于对人性的关切，现代国家往往都将保障人性尊严明确写入宪法之中，如《日本宪法》第13条即规定："一切国民都作为个人受到尊重。对于国民谋求生存、自由以及幸福的权利，只要不违反公共福祉，在立法及其他国政上都必须予以最大尊重。"而行政法学者更是将人性尊严视为行政法的最高指导原则，主张在国家行政的各个领域都需从维护人性尊严的观点去加以体认和运作。参见黄桂兴：《浅论行政法上的人性尊严》，载城仲模：《行政法之一般法律原则》，三民书局1994年版，第15页。

决定、反馈和修正的过程。我国在过去一段时间在价格政策方面就存在这样的缺陷。然而，我们欣喜地看到，听证程序在价格决策过程中的引入则能改变上述局面。价格听证是一个由政府、调定价申请人以及消费者三方共同参与论证、相互制约的价格形成机制，从而将政府制定价格行为纳入法制化的轨道和既定的程序之中，为决策结果更加民主、科学和公正创造了条件。显然，这种决定方式会更加理性，也更容易为社会各界所广泛接受。

3. 平衡利益

我们认识到，在很多情况下国家利益、集体利益与个人利益并不总是完全一致的；作为公共政策制定者的政府来说，更需要善于通过各种行之有效的途径来协调、平衡不同的利益。价格听证就是一种类似于立法听证的"听取多方意见的制度"。在价格上，政府决策部门可以听到代表不同利益群体的声音，作为听证主持人来说，就是要让不同的意见都能够得到机会均等的表达，并引导各方达成一定的共识。总而言之，价格听证的过程就是一个相关利益碰撞、妥协直至实现平衡的过程，是一个各方参加人利用所掌握的资源进行博弈的过程。

4. 促进合作

现代民主政治的发展、人权意识的觉醒以及行政事务的日趋多样复杂都已经揭示，行政机关以沟通合作为基本精神的新型行政模式已经崛起。在价格听证会这一特定的场合中，合作意识、协商精神得到了充分彰显和有效培育，这对于塑造新型的合作关系无疑具有巨大的推动作用。

（三）我国价格听证制度实施现状存在问题简析

就当下各种价格听证实践而言，存在一些问题亟待解决，归纳起来，主要集中体现在三个方面：首先，产生的方式不明确。听证会代表是由政府价格主管部门聘请的，但对于具体以什么方式产生，实践中的做法则很不一致。

有的完全是由行政机关即听证会的组织者指定产生的。其次，遴选标准不明、不公开。按照什么样的标准来挑选听证会代表，这一问题在实践中也很模糊。在一些地方，劳动模范等社会精英往往成为听证会代表的首选对象；有的则要求参与人员具有参政议政能力，对听证内容比较熟悉；但其任意性解释却又令人生疑。总的来说，听证会代表遴选标准的不明确直接影响了民意的正常表达，使得"发言者不能代表公众利益，而真正的民意代表却没机会发言"。再次，结构严重不合理。听证会代表的广泛性和代表性是各方利害关系人利益得到充分表达的前提条件。然而，实践中诸多的听证会却存在代表比例严重失调的普遍现象，众多与听证内容具有密切联系的利益群体没有自己的代表参与听证会。

同时，我们也注意到，价格听证过程中也存在信息不对称的问题。当听证会代表产生以后，各方代表能否利用其所掌握的信息就价格听证会的主要议题进行深入且充分的辩论就成了决定价格听证制度实施效果好坏的关键因素。实践中，价格听证过程中的信息不对称问题表现为三个方面：

首先，消费者代表缺乏足够的时间掌握与听证事项有关的信息。在现实中，价格听证组织者直到听证会举行之前的几天才将相关材料交给与会的消费者代表的情况屡见不鲜。

其次，经营方所提供的相关信息不全、解释不清的情况普遍存在。在实践中经营者所提供的信息往往不全、不清，以至消费者代表甚至专家都很难揣测其意图，有些机关虽有提供书面解释，但仍然不足；这样一来，消费者的劣势地位进一步加剧。

再次，消费者代表在听证会上的发言时间过短。对于消费者代表来说，能否在听证会上拥有比较充裕的时间来阐明其所代表的利益群体的意见，就成为衡量代表参与听证会质量高低的重要标志。笔者认为，发言时间的安排已经绝不仅仅只是一个纯粹技术性的程序设计问题，而是一个关涉到价格听证制度正义能否实现的实质问题。当然，除了上面所提及的问题以外，实践中还存在其他问题，限于篇幅，在此不再一一列举。

三、完善我国价格听证制度必须解决的几个主要问题

基于上述经验总结，笔者尝试就当前必须认真解决的两个主要宏观问题进行集中论述。

（一）进一步加强价格听证公开制度建设

首先应当承认，学界在这方面已经作了努力，但还需要在三个方面进一步深化：第一，一旦申请人向政府价格主管部门提交价格听证申请报告，主管部门就应当公布此报告，媒体在此时就可以组织采访、评论、发表消费者和有关生产部门的意见。第二，一旦主管部门批准价格听证申请，开始组织价格听证会，媒体即有权对价格听证会的筹备过程进行追踪报道。第三，媒体应有权对价格听证会正式举行中的各方发言及组织情况进行自由报道和评论。

（二）完善听证会代表选任等一系列制度

听证会代表的选任是价格听证中的基础性工作，也是确保各方利害关系人意见得到充分表达的前提条件。笔者认为，应当从以下三个方面加以完善：

首先，逐步确定价格听证会代表的总数及各方代表所占的比例。可以考虑在自愿报名的基础上根据既定的标准确定正式的代表候选人。然后，可将正式的代表候选人按照阶层进行分类，在保证代表应有的广泛性和代表性的前提下利用公开摇号等方式产生正式的代表。

其次，对主持人、申请人及听证会代表权利义务现有规定的基础上，应当着重注意三项规定：一是明确规定申请人应当履行帮助听证会代表了解和熟悉听证内容的义务；二是赋予听证会代表完整的知情权；三是明确规定听

证会代表负有必须发言的义务。另外，由于价格听证会只是一种非正式的听证程序，因而听证笔录及听证纪要对价格决策机关并无绝对的拘束力。[1] 因此，我们建议应当将《办法》第二十六条修改为："政府价格主管部门应当向社会公布定价的最终结果，并说明对听证会代表意见采纳与否的原因。"如此一来，公众就可以从行政机关所给出的理由中评价定价行为的合法性和正当性。

再次，增加相应争议的救济规定。笔者认为，无论从维护听证会代表的合法权益还是从确保价格听证公正施行上来看，上述争议都应当适时地纳入到行政救济范围之内。就目前而言，以借助于对现行有关法律条款解释来在《办法》中作出补充规定。在这方面，有的学者已经作了较为深入的研究。[2] 限于篇幅，笔者此处不再赘述。

---

[1]　当然，学界对这一问题的认识尚存在分歧，如薛刚凌教授就认为价格听证也要像处罚听证一样适用"案卷排他原则"，即价格决策机关必须依据听证笔录及听证纪要作出最终决定，参见前引薛刚凌《公听代表人制度研究》一文。在实践中，有的行政官员甚至还认为"只要有51%的代表反对，调价方案就应该被取消"，这显然是对民主参与程序和行政决策程序的简单误读，有关情况可参见《法制日报》2002年1月11日应松年教授接受记者采访的相关报道。关于价格听证法律性质的初步分析，还可参见应松年主编：《行政程序立法研究》，中国法制出版社2001年版，第538页；程雁雷：《对划分正式听证和非正式听证标准的思考》，载《行政法学研究》2002年第4期。

[2]　参见刘井玉：《"春运调价"的法律性质分析——以"一般处分"为工具》，载《行政法学研究》2002年第4期；刘书燃：《公民、政府与制度变迁——由乔占样诉铁道部案引发的制度分析》，载罗豪才：《行政法论丛（第6卷）》，法律出版社2003年版。

第二节　行政指导问题研究

一、行政指导的渊源及发展

行政指导作为一种操作灵活的重要的行政管理手段，在世界各国已得到了广泛运用，世界各国以及我国的台湾地区还通过行政立法程序对行政指导进行了明确规定。行政指导在行政法实践中具有重要意义，随着我国经济社会的飞速发展以及社会对政府职能转变需求的日益提升，行政指导也将势必作为一种不可或缺的行政管理方式在政治、经济等各个领域发挥作用。

在我国，行政指导是从 20 世纪 80 年代中期开始受到行政法学界的研究人员的关注，不少学者开始了对行政指导理论的研究，并出版或发布了大量的研究成果。虽然不同的学者在行政指导的法律属性等方面存在或多或少的争议，但在行政指导的重要意义、存在的价值、作用等问题方面还是形成了一定程度的共识。以行政指导的分类为例，学者们普遍认为行政指导有以下几种划分类别的方式：从有无法律依据的角度划分为有法律依据的行政指导和无法律依据的行政指导；从功能差异的角度划分为规制性行政指导、助成性行政指导和调整性行政指导；从针对的对象是否具体的角度划分为普遍行政指导和个别行政指导，等等。[1] 以行政指导的正反方面的作用为例，学者们普遍认为行政指导一方面能弥补法律的漏洞与不足、增加法律实施的弹性、

---

[1]　有关行政指导分类问题的初步归纳，可参见杨海坤主编：《跨入 21 世纪的中国行政法学》，中国人事出版社 2000 年版，第 377—378 页。

实现行政机关与行政相对人之间的双赢，另一方面也易引起法治主义的空洞化和行政腐败的滋生。[1]

行政指导进入公众视野、引起学者广泛研究以来，也引发了一定程度的争议，甚至有学者质疑行政指导在中国不宜推行。只有对各类观点进行全面系统的梳理和分析，才有助于全面把握行政指导的内涵以及各界对行政指导的立场和观点，对今后研究行政指导这一课题提供方向，并结合我国实际，深入研究行政指导是否能在中国得以施行、中国是否已经具备了相应的条件、哪些方面还需要进一步作出努力、怎样将行政指导问题研究与法治社会的建设相结合等。

在世界行政法的发展历史上，行政指导在二战结束之后的日本、德国等国家得到了广泛的运用。在亚洲范围内，韩国及我国台湾地区也效法日本，通过行政程序法典对行政指导行为作出了初步规定。

在我国大陆，我们欣喜地看到，从 20 世纪 90 年代中期开始，行政指导这一新型的行政活动方式也逐渐走入我国行政法学者的研究视野。进入 21 世纪以后，行政指导现象引起了更多学者的关注，一批颇有质量的专著、论文等相继问世。在行政指导理论研究的过程中，虽然我国学者们对行政指导的一些法律性质尚存争议，但行政指导存在的价值、功能、分类、行政指导与依法行政的关系等问题都已经形成了一定的共识。例如，学界普遍认为行政指导同时具有正反两个方面的效应；又比如，在行政指导的分类问题上，学界已经形成共识的分类方式，等等。这说明，这些理论共识都已经为今后的研究奠定了重要的基础。

但是笔者也注意到，在行政指导研究掀起热潮的背后，同样也存在很多

---

[1] 有关行政指导双重功能的论述，可参见冯其江：《日本行政指导制度介评》，载《行政法学研究》1997 年第 4 期；崔卓兰等：《日本行政指导制度及其法律控制理论》，载《行政法学研究》2001 年第 3 期。

值得我们深入思考的现象。现在学界一些人主张中国应当大力推行行政指导，同时要对行政指导进行严格控制。有的研究者出于论证的需要，对行政指导概念的外延进行无限的延伸，使得行政指导存在于各个不同领域并似乎都有着极为广泛的运用。尤其值得关注的是，近两年来，一种否定行政指导甚至主张中国不宜推行行政指导的观点在学界日渐泛起。对这些观点进行系统梳理，不仅有助于人们全面了解我国学界在行政指导问题上的基本学术立场，也有助于今后行政指导问题研究的深入展开。

因此，面对错综复杂的局面与研究理论，我们应当怎样看待行政指导这一全新的法律现象又一次成为一个不可回避的问题。显然，在行政指导研究已经取得阶段性成果的当下，对这些极具挑战性的问题作出相对合理的回答已经显得十分重要。

二、行政指导的概念及定性

（一）行政指导的概念

行政指导的定义是我们研究行政指导这一主题需要面对的首要问题。虽然中外学者对行政指导的定义有多种不同表述，但内涵都是基本一致的，没有本质上的区别。具体而言，有以下定义比较具有代表性：

（1）行政指导是指行政主体为了实现一定的公共目的，期待行政客体的一定行为（作为、不作为）而实施的，其本身没有法律拘束力，但可对行政客体直接起作用的行政的一种行为形式。[1]

（2）行政指导是这样一种作用，即不管有无法令根据，行政机关对特定的个人，公法、私法上的法人和团体，要求对手一方的同意和协作，采用

---

[1] ［日］盐野宏：《行政法》，杨建顺译，法律出版社1999年版，第142—143页。

非权力的、任意的手段进行工作，以实现行政机关的意图，诸如警告、劝告、提供知识和信息等。[1]

（3）行政指导是指行政机关为实现一定的行政目的，通过向对方做工作，期待对方实施行政机关意图的行为（作为或不作为）的行为形式。[2]

（4）行政指导是行政机关通过制定诱导性法规、政策、计划、纲要等规范性文件以及采用具体的示范、建议、劝告、鼓励、提倡、限制等非强制性方式并付之以利益诱导促使相对人自愿作出或不作出某种行为以实现行政目标的一类权力性行政行为。[3]

（5）行政指导乃行政机关就其所掌之事务，对于特定之个人、公礼法人或团体，以非强制之手段，取得相对人之同意与协力，以达到行政目的之行为。[4]

（6）行政指导是行政机关在其职能或职责范围内，为适应复杂多样化的经济和社会管理需要，基于国家的法律精神、原则、规则或政策，适时灵活地采取指导、劝告、建议等非权力强制性方法，谋求相对人同意或协力，以有效地实现一定行政目的之主动行为。简言之，行政指导就是行政机关在其职责范围内为实现一定行政目的而对相对人采取的符合法律精神、原则、规则或政策的指导、劝告、建议等非权力行为。[5]

（7）行政指导是指行政主体在其法定职权范围内，为实现特定行政目的，遵循法律位阶原则，制定诱导性法律规则、政策；或者依据法律原则、法律规则与政策，针对特定相对方采用具体的示范、建议、劝告、警告、鼓励、

---

[1]　[日]和田英夫：《现代行政法》，中国广播电视出版社1993年版，第218页。

[2]　[日]室井力主编：《日本现代行政法》，吴微译，中国政法大学出版社1995年版，第150页。

[3]　包万超：《转型发展中的中国行政指导研究》，载罗豪才主编《行政法论丛（第1卷）》，法律出版社1998版，第288页。

[4]　林纪东：《行政法》，台湾三民书局1988年版，第434页。

[5]　莫于川：《政指导论》，重庆大学出版社1999年版，第27页。

指示等非强制性方式，并施以利益诱导，促使相对方为或不为某种行为之非强制性行政行为。[1]

通过对上述各类定义进行研读分析可知，虽然各学者对行政指导的定义采取了不同的表述，但相互之间也有共同认识，主要有三个方面：首先，各学者都明确行政机关或行政主体是实施行政指导的主体；其次，明确行政指导事宜以实现特定的行政管理目标为目的；最后，明确行政机关可采取的行政指导方式具有非强制性的特征。因此，与传统意义上的行政行为相比，采用非强制性的手段并付之以一定的利益诱导，是行政指导的根本特征，也是其在现代行政法上得以不断扩展的主要原因，缺乏"利益诱导"的行政指导最多只能够视为行政主体单方面地表达其内在的意愿的行为，从行政相对人一方角度而言，因其根本从行政指导行为中无利可图，故其几乎不会对行政指导行为给予协作。

笔者尝试对行政指导的定义表述如下：行政指导是行政主体为了实现特定的行政目的，采用非强制性手段并付之一定的利益诱导，促使行政相对人为或不为某种行为的一类新型行政行为。我们应该从以下四个方面来理解这一定义的内涵：

第一，行政主体是行政指导的实施主体。行政主体的范围不应仅仅局限于国家行政机关，随着社会经济发展趋势的变好，除了国家行政机关之外，不排除会有越来越多的非政府组织等成为行政指导的实施主体。

第二，行政指导以实施特定的行政目的为目的。目的性是行政指导制度据以存在的基础，行政指导内容、指导方式、实施效果的不同，与行政指导行为的目的息息相关。行政相对人是否接受行政指导行为、行政指导行为的目的最终能否得以实现，均不影响行政指导本身具有明确的目的性。

第三，行政指导具有非强制性。行政指导区别于传统行政行为的显著特

---

[1]　郭润生、宋功德：《论行政指导》，中国政法大学出版社 1999 年 1 月版，第 59 页。

征在于其采取的是非强制性的手段，主要包括对行政相对人提出劝告、提示或建议、鼓励引导其接受行政指导行为等方法，而非强制性或命令性的行政手段。

第四，行政指导具有利益诱导性。正是因为行政指导行为的非强制性的基本特征，以至于行政相对人主动接受或配合行政指导行为缺少了外在的压力，不利于行政指导行为目的的实现。为提高行政指导的效果，行政指导的实施主体会采取一定的利益诱导的方式，鼓励引导行政相对人主动接受或协助其实施的行政指导行为。因此，没有利益诱导的所谓的"行政指导"也不能算作真正意义上的行政指导，充其量不过是行政主体单方面地发布信息或者单纯地表达其自身的某种意愿而已。[1]

（二）行政指导的定性

行政指导的法律属性是行政法学者们普遍关注的焦点问题之一，其本质是对行政指导的定性问题，直接关系到行政指导在行政法体系中的地位和作用。关于行政指导的定性，国内目前有以下几个主要观点：

观点一：行政指导是一种非权力性但与行政职权相关的行为。持这一观点的学者认为，行政指导的本质是一种非行政权的行为，承受行政指导的行政相对人是否接受指导取决于其自愿，而不同于行政权固有的命令与服从的强制性。同时，行政指导仍然是以调整行政关系为其基本内容的一种与行政相关的行为，这就决定了行政指导与行政行为之间具有密不可分的关系。[2]

---

[1]　正是因为缺少这种潜在的利益诱导，实践中存在的行政机关发布"五一"或"十一"旅游黄金周出行路线等有关信息的做法就不能看作是行政指导。古语曰：姜太公钓鱼，愿者上钩。但是，如果缺乏必要的鱼饵，恐怕是不会有鱼会上钩的。

[2]　参见章剑生：《论与行政职权相关的行为》，载《东吴法学》2000年号；姜明安：《行政法与行政诉讼法》，北京大学出版社·高等育出版社1999年版，第十五章"行政主体实施的其他行为"（由章剑生教授撰写），第247页。

观点二：行政指导是一种非权力性的事实行为。持这一观点的学者认为，行政指导是一种不发生或不直接发生法律后果的事实行为，同时，由于行政指导没有法律上的强制力，相对人可以接受也可以不接受，行政机关不能因为相对人不接受而实施法律上的强制措施，因而行政指导是非权力性的。[1]

观点三：行政指导是一种权力性行政行为。持这一观点的学者认为，凡是行政行为均属权力性的，行政指导的作出以及指导赖以发挥实效的诸种措施都是基于行政权力。那种认为行政指导是非权力性行为的观点在逻辑上是错误的。[2]

观点四：行政指导是一种非强制性的权力性事实行为。持这一观点的学者认为，权力性与强制性没有必然的逻辑关系，权力性并不等于强制性，不能因为行政指导没有法律上的强制力就断言它是非权力性的行政活动。从形式上看，行政指导是非强制的，而更为重要的是在行政指导的背后有行政权力作为后盾。因此，不应当受制于日本行政法的限制而应承认行政指导是权

---

[1] 参见罗智敏：《试论行政指导》，载《行政法学研究》1999年第3期。然而，论者同时也承认"非权力性行政活动并非与权力毫不相关，它也是因为行政机关拥有行政权力才能作出，否则便不能称为行政指导"。如此一来，这种观点不免有自相矛盾之嫌——既认为行政指导是非权力性的，又认为行政指导与权力性有关。此外，在应松年教授早期主编的《行政行为法》一书中，著者也认为行政指导是"行政机关为实现所期望的行政状态，谋求相对人响应而依照法律、政策所采取的非权力行政执法活动，是事实行为。"参见应松年：《行政行为法》，人民出版社1993年版，第571页。

[2] 包万超：《转型发展中的中国行政指导研究》，载罗豪才主编《行政法论丛（第1卷）》，法律出版社1998年版，第287—288页；郭润生、宋功德：《论行政指导》，中国政法大学出版社1999年1月版，第59页。前者进一步指出行政指导是一种"没有直接法律强制力的诱导式权力性行政行为"，后者则申明行政指导是一种"非强制性行政行为"。崔卓二教授等也持"行政指导是非强制行政行为"的观点，见其著《非强制行政行为现代行政法学的新范畴》，载罗豪才：《行政法论丛》（第4卷），法律出版社2001年版，第129页。此外，胡建淼教授还提出，行政指导是一种非正式的行政行为，见其提交1996年全国行政法学 学年论文《世界上有关国家和地区行政程字法的比较研究》。

力性的行政活动。[1]

从上述几个不同观点中我们看到，学者们对行政指导的非强制性已形成共识，主要分歧点在于行政指导是否属于权力性行为，是事实行为还是行政行为。笔者认为，行政强制性并不完全等同于权力，行政指导虽然没有强制性，但仍然是权力性行为。至于行政指导是事实行为还是行政行为的问题，我们可从以下两个方面进行分析：

首先，行政指导的定性问题应结合行政行为理论的整体架构来考量，在当前尚不完善的行政行为理论体系中来讨论行政指导的性质问题，势必难以得出理想的结论。按照权威观点的解释，事实行为是指"不发生法律效果，或虽发生法律效果，然而效果之发生，乃系于外界之事实状态，并非由于行政权心理作用之行为"[2]。能否直接产生法律效果、产生法律效果的缘由，是区分事实行为与行政行为的主要标志。学界普遍认为，行政主体依照行政职权作出的行为，要么属于法律行为，要么属于非法律行为，并不存在一种基于行政职权而作出的不属于法律行为的事实行为的分类。事实行为准确来说是民法上的概念，民法是私法，而行政法属于公法，事实行为的概念和有关理论能否适用于行政法领域，笔者认为这个问题有待商榷。

其次，日本、韩国及我国台湾地区在行政指导法制化的道路上走在我国前面，它们对行政指导的定性问题的态度与上面分析的观点基本一致。韩国《行政程序法》第二条也对行政指导作了类似的定义，即指行政机关为了实现一定的行政目的，在所管事务范围内为使特定人做或不做一定行为而进行的指导、劝告及指教等行政作用。日本现行《行政程序法》第二条规定，行政指导是指行政机关于其职权或所掌事务范围内，为实现一定之行政目的，对特定人要求一定作为或不作为之指导、劝告、建议以及其他不属于处分之

---

[1]　吴华：《论行政指导的性质及其法律控制》，载《行政法学研究》2001年第2期。
[2]　林纪东：《行政法》，台湾三民书局1988年版。

行为。我国台湾地区《行政程序法》第一百六十五条则规定，行政指导是指行政机关在其职权或所掌事务范围内，为实现一定之行政目的，以辅导、协助、劝告、建议或其他不具法律上强制之方法，促请特定人为一定作为或不作为之行为。虽然这三个行政程序法文本对行政指导法律属性的具体表述各有不同，但它们都将行政指导看作一类独立的行政作用，且将行政指导与行政处分等其他类型的行政活动并列置之。这种立法安排与其行政法学理是相通的，如在当代日本行政法学者的著述中，行政作用法体系就是由行政立法、行政行为、行政契约、行政计划、行政指导等部分所构成。[1]

（三）中国行政指导的法律依据与实践回顾

反观我国行政指导的实践，我们不难发现，中华人民共和国成立后长期实行高度集中的计划经济体制，政府对企业和社会的管理基本上采取的是单一的行政命令方式。在这种体制下，行政指导根本不具备生存的社会基础。20世纪80年代的改革开放则拉开了中国经济体制及政治体制转型的序幕，作为新型行政手段的行政指导才得以逐步推行。以下笔者将就当前中国行政指导的法律依据及其运用的具体领域进行再分析。

二十多年来，我国几乎各个层次的规范性文件都对行政指导及其具体方式做过规定。

首先是宪法。我国现行宪法第八条第三款规定："国家保护城乡集体经济组织的合法的权利和利益，鼓励、指导和帮助集体经济的发展。"第十一条规定："在法律规定范围内的个体经济、私营经济等非公有制经济，是社会主义市场经济的重要组成部分。国家保护个体经济、私营经济的合法的权利和利益。国家鼓励、支持和引导非公有制经济

---

[1] ［日］盐野宏：《行政法》，杨建顺译，法律出版社1999年版。

的发展，并对非公有制经济依法实行监督和管理。"第十九条第四款规定："国家鼓励集体经济组织、国家企业事业组织和其他社会力量依照法律规定举办各种教育事业。"

其次，法律。2018年12月29日修正的《中华人民共和国民办教育促进法》第四十条规定："教育行政部门及有关部门应当对民办学校的教育教学工作、教师培训工作进行指导。"第四十条规定："教育行政部门及有关部门依法对民办学校实行督导，促进提高办学质量。"等等。

再次，行政法规。例如，1999年10月开始施行的《城市居民最低生活保障条例》第五条第二款规定："国家鼓励社会组织和个人为城市居民最低生活保障提供捐赠、资助。"2003年5月公布施行、2011年1月8日修订的《突发公共卫生事件应急条例》第二十八条规定："全国突发事件应急处理指挥部对突发事件应急处理工作进行督察和指导，地方各级人民政府及其有关部门应当予以配合。"当然，地方性法规、规章的规定也不可忽视。

综上所述，从上面的列举中我们可以看出，我国目前行政指导的法律规定的数量繁多且形式和用语存在诸多不规范之处。因此，从总体上看，我国行政指导的法律规定尚处于起步阶段。行政指导的定性需要对现有的行政行为理论体系进行思考与改进，笔者认为可以将行政指导定性为诱导式的非强制性行政行为，其本身还是一种行政行为。

三、行政指导在我国的实践

行政指导在我国的实践始于何时，学界对这个问题存在不同的观点。有学者认为，我国的行政指导实践可追溯至中华人民共和国成立初期，改革开放以来我国政治经济体制的急速变革进一步促进了行政指导的推行和发展。近年来，行政指导更是在行政管理领域得到广泛运用并发挥了重要作用，取得了良好的实施效果。

（一）行政指导的法律依据

综观我国的法律体系，行政指导贯穿于宪法、法律、行政法规、地方性法规、规章等由不同主体制定的各类具有不同效力等级的法律法规之中。以我国现行宪法为例，行政指导在宪法中有多处体现，我国现行宪法第八条第3款规定："国家保护城乡集体经济组织的合法的权利和利益，鼓励、指导和帮助集体经济的发展。"第十一条规定："国家保护个体经济、私营经济等非公有制经济的合法的权利和利益。国家鼓励、支持和引导非公有制经济的发展，并对非公有制经济依法实行监督和管理。"行政指导性质的法律条文一般带有"鼓励""引导""支持""帮助"等字眼。

虽然行政指导的相关条款在我国现有法律法规中已较为常见，而且会有越来越多的行政指导条款出现，但是关于行政指导的执行程序、可能引发行政救济的情况和救济手段等实践操作方面的具体问题仍需要通过法律法规的形式予以规定，以切实保障行政指导的实施效果，将行政指导落到实处。

（二）行政指导的具体适用

行政指导在我国的经济、教育、医疗卫生等各个社会管理领域都得到了广泛运用，现简单论述如下。

1. 经济管理

行政指导在我国经济领域的运用相对而言更为广泛且影响重大，有关部门制定了大量的行政指导性法律文件或政策文件，主要表现在以下几个方面：

（1）产业结构调整。20 世纪 90 年代，我国为进行产业结构调整制定了多部行政法规，涉及私营经济、乡村集体经济、国有经济、农业农村经济、国家产业政策等多个方面。例如，1988 年国务院出台《中华人民共和国私营企业暂行条例》规定：为鼓励、引导私营企业健康发展，保障私营企业的合法权益，加强监督管理，繁荣社会主义商品经济，制定本条例（第一条）。为依法推进简政放权、放管结合、优化服务改革，该条例已于 2018 年 3 月 19 日失效。1990 年的《中华人民共和国乡村集体所有制企业条例》规定：为了保障乡村集体所有制企业的合法权益，引导其健康发展，制定本条例（第一条）。乡村集体所有制企业是我国社会主义公有制经济的组成部分。国家对乡村集体所有制企业实行积极扶持，合理规划，正确引导，加强管理的方针（第一条）。该条例于 2011 年进行了修订。1992 年国务院公布的《全民所有制工业企业转换经营机制条例》第四十三条规定：政府应当采取下列措施，加强宏观调控和行业管理，建立既有利于增强企业活力，又要有利于经济有序运行的宏观调控体系：制定经济和社会发展战略、方针和产业政策，控制总量平衡，规划和调整产业布局；利用利率、税率、汇率等经济杠杆和价格政策，调控和引导企业行为；根据产业政策和规模经济要求，引导企业组织结构调整，实现资源合理配置；建立和完善适应商品经济发展的企业劳动人事工资制度、财务制度、成本制度、会计制度、折旧制度、收益分配制度和税收征管制度，制定考核企业的经济指标体系，逐步将企业职工的全部工资性收入纳入成本管理；推动技术进步，开展技术和业务培训，为企业决策和经营活动提供信息、咨询。后该条例于 2011 年进行了修订。农业部于 1992 年出台《关于促进乡镇企业持续健康发展的报告》、于 1995 年出台《乡镇企业东西合作示范工程方案》、1996 年出台《乡镇企业法》，1997 年出台《关于我国乡镇企业情况和今后改革与发展意见的报告》等。

除上述行政法规或文件之外，国务院及农业部等主管部门也先后就扶贫开发、促进农业技术发展等问题出台了一系列指导性的规范文件。

（2）出口贸易与对外合作。国务院及有关部门为鼓励出口、推动国内企业加强对外合作，也曾出台了一系列指导性文件。随后，伴随着对外开放的逐步加强和外资企业的大量涌入，为科学合理地解决利用外资、促进经济发展、保障国内企业在经济发展中不至于受到过分威胁，国务院及有关部门又先后出台了相应的行政法规和规范性文件。

（3）西部大开发。西部大开发是我国具有代表性的一项行政指导实践。但因未制定国家层面的法律对具体事项进行规定，因此需要以"通知"等形式的行政指导性文件对西部大开发过程中的有关问题进行规定，并提供解决问题的思路和办法。如《财政部、海关总署、国家税务总局关于深入实施西部大开发战略有关税收政策问题的通知》（财税〔2011〕58号）对西部大开发中的税务问题进行了特别规定，具有鲜明的指导性意义。

除此之外，国家在价格管控等方面也采取了大量的行政指导措施。例如1998年5月《价格法》在我国正式施行，国家对某些特殊的工业产品实行政府指导价格，有效控制物价涨幅，保障国民经济稳定健康发展。

2. 社会管理

行政指导在社会管理领域也具有重要意义，在实践中已被广泛运用。尤其是随着社会发展变革，社会管理领域各种问题层出不穷，例如国有企业改革引发的包括下岗职工再就业问题在内的劳动和社会保障领域的各种问题。针对类似问题，出台法律法规可能耗时长且具有较大的滞后性，而各地劳动和社会保障部门和有关主管部门通过制定相关指导性措施的方式，则有利于及时准确地解决问题，化解矛盾。此外，比较具有代表性的社会管理领域的行政指导还表现在医疗卫生、教育领域、计划生育政策等方面，都与广大人民群众的切身利益和基本权利息息相关，是关系到国计民生的重大问题，行政指导在这些方面发挥其积极作用，具有不可忽视的正面的社会效应。

（三）行政指导在我国实施的重要意义

行政指导的重要意义主要表现在以下四个方面。

1. 有利于行政管理方式从强制型向说服型转变

众所周知，强制性是传统行政行为的主要特征，各种行政审批、行政命令、行政处罚就是强制性行政行为的主要表现。行政相对人面对行政行为的强制性和威慑力，绝大多数都会选择服从和配合，否则将会受到其他形式的处罚或约束。行政强制力很大程度上保证了行政行为的贯彻执行。而行政指导则缺乏该种强制性，行政指导行为的作出从强制性要求逐渐向说理型转变，行政相对人只有对行政指导行为给予充分的理解和认可，方才会给予配合和支持，否则，行政指导的目的则难以实现。

2. 有利于行政管理方式从封闭走向开放

以往传统的行政行为通常是行政主体单方自主决定，有一定的封闭性，而行政指导为行政主体和行政相对人提供了一个良好的沟通平台，在行政指导的实施过程中，行政相对人可通过与行政主体的沟通互动，根据自身需要进一步要求获取与行政指导行为相关的文件和信息，结合自身对相关信息的理解和判断作出是否接受行政指导的决定，并有权对接受行政指导行为提出合理的要求。因此，行政指导在行政管理中的广泛运用有利于建设一个阳光下的政府，推动行政管理方式从封闭走向开放。

3. 有利于行政相对人的态度从对抗走向合作

如前所述，强制性行政行为容易引起行政相对人对行政主体的不满，长此以往容易引发对抗行为，不利于行政主体开展活动，提高了行政管理成本。行政指导行为过程中，行政主体通过说理型的沟通方式，与行政相对人进行对话沟通，双方在充分沟通的前提下达成共识，有利于节约管理成本、提高行政管理行为的效率，形成双赢局面。

4. 有利于推动政府形象由扰民走向亲民

采用传统管理模式的政府因其行政行为的强制性，无处不体现着权力和强制，有浓厚的官本位特征，极易给行政相对人留下扰民、霸权的形象，甚至引起行政相对人的反感和对抗。而行政指导因其操作方式相对平和，行政主体与行政相对人的沟通更为充分，有利于改善双方关系，提升政府形象，也有利于更好地开展行政管理工作。

第三节 行政公开制度研究

一、由"非典"引起的对行政信息公开的思考

20 世纪 90 年代，已有我国学者主张制定信息公开相关法律，信息公开也逐渐引起各界重视。2001 年我国加入世界贸易组织，世界贸易组织对各国政府透明度有了更高的要求，社会公众对行政信息公开的要求也有了进一步提升，加速推进我国行政信息公开相关立法工作的需求也日益迫切。

而在 2003 年发生的"非典"疫情则进一步推动了信息公开制度在我国的建立和发展。"非典"是一场突发的公共医疗卫生事件，在我国引发了政治、经济、安全等各方面的社会危机。在这次事件过程中，各种未经证实的小道消息在某些时刻发挥了负面的作用，引发了不必要的恐慌。事后人们发现：对于各种谣言和小道消息，只要政府能够做到及时、准确地将公众关心的与疫情有关的各类信息予以公开，则不实消息引发的不良影响会自然化解，公众也对政府处理疫情的措施给予了支持和理解。但是，如果政府出于某些因素考虑采取封锁消息、延迟发布消息，或者更严重地瞒报谎报，则更易引起各种小道消息的发生和传播，引起公众恐慌，降低公众对政府的信任度，政府处置突发事件的难度和成本也会成倍增加。经历了这次事件，我国政府更加深刻认识到建立一个透明、公开的政府，扎实推进行政信息公开，对化解社会危机、解决社会矛盾的重要性。此外，在抗击"非典"期间，国务院及时颁布了《突发公共卫生事件应急条例》，该条例明确规定了针对突发事件的信息发布制度，为今后妥善处理类似事件提供了标准和依据。

二、行政信息公开的重要意义

行政信息公开是现代行政法上最主要的法律制度和原则之一，有以下三个方面的重要意义。

（一）行政信息公开有利于保护公民的知情权

知情权又称为知悉权或了解权。就广义而言，是指从官方或非官方获知有关情况的权利；就狭义而言则仅指知悉官方有关情况的权利，其中主要包括公民具有从政府获知有关公共事务管理情况的权利。知情权是公民享有的基本权利之一，同时也是公民其他权利得以获得保障和实现的前提和基础，是一项重要的基本人权。因此，公民能否顺利获取有关信息而不受公权力的妨碍与干涉、能否通过有关渠道向国家机关请求公开所需信息，是公民知情权的重要体现。

从更广泛的角度观察，人民主权或主权在民的政治理念源于西方资产阶级启蒙思想家的社会契约论思想。这种思想的内涵是国家是人们在完全平等的基础上通过契约的方式转让自己的权利所形成的。由此可见，人民主权的政治理念体现了国家权力均来自于公民权利的基本假设。在行政法实践中，行政权因其与公众接触最多、作用领域最广，其更应当受到有效监督和制约。从另一角度而言，政府的存在及其运行都是依靠广大纳税人缴税所维持，因而政府在公务活动中制作、获取及拥有的信息也是利用公共税款所生成的，属于全体人民的公共财产。由此可见，从人民主权的政治理念考察，政府负有向国家权力主人公开其掌握的公共信息的不可推卸的天然义务。

（二）行政信息公开有利于信息的自由流通

对行政信息而言，政府的地位和作用决定了政府无疑是行政信息最大的掌控者。在信息社会，行政信息也属于一种公共资源，也应靠其自然流通创造价值。所谓流通，则既有输入也有输出，缺少任何一个环节，都难以保证信息的对称和透明，甚至会发生信息的扭曲。政府因其地位优势，在其履行公共职能的过程中获取、加工和制作的各类信息只有通过自然流通才能在经济和社会层面为其自身和社会公众创造价值，单方面垄断行政信息显然与信息社会的基本规律相违背，不利于经济社会健康发展。

从更广泛的角度观察，对公民知情权的满足也同样不可忽略。我们都知道，广义上的知情权意指公民享有从政府或其他有关方面获知有关情况的权利，狭义上的知情权所指的仅仅是公民具有从政府获知有关公共事务管理情况的权利。在当下社会，知情权是公民所享有的一项不可或缺的基本人权，也是公民实现其他权利的必要基础和前提。既然知情权是公民所享有的法定权利，那么这种权利的实现与满足就只能依赖于公共信息拥有者的公开。

无数实践已经表明，政府是公共信息最大的拥有者。作为一种公共资源，政府所拥有的公共信息必须得到自由的流动，以便为公众所开发利用，进而产生巨大的社会效益。作为最大的公共信息聚集地，政府的所有公务活动就可以微缩为一个信息交换的场所。在这一过程中，信息的输出是不可缺少的重要环节。否则，公共信息的不透明，其结果必然会不利于公民个人权益的保护和政府自身的建设。因此，在当下信息高度发达的时代，行政机关单方掌控垄断公共信息的时代已经一去不复返了。

（三）行政信息公开是人民主权理念的体现

人民主权，是指国家或政府的最高权力来源于人民，并最终属于人民，并且这种来源是政府或国家权力的合法化依据或前提。该理念源于西方启蒙思想家洛克的天赋人权论和社会契约论思想。根据上述理念，既然人民是政府权力的赋予者和最终所有者，政府是人民的公仆，人民理应有权获知政府的相关信息，有权监督政府履行公共职能的行为，防止政府权力滥用等。此外，政府机构只有基于社会公众（纳税人）所缴纳的税费才能正常运转，政府在履行行政职能过程中获取、加工和制作的信息自然也是因此而产生，可以被视为社会公众的共同财产，社会公众有权分享该财产。总之，根据人民主权理念，政府从产生时就负有向社会公众公开行政信息的义务。

三、国外行政信息公开制度实践

瑞典是行政信息公开制度的发源地。1776年，瑞典制定了《出版自由法》，该法在瑞典具有宪法效力，不仅规定了出版自由，还规定普通市民在出版自由的权利框架内，享有要求法院和行政机关公开有关公文书的权利。美国进一步推动了行政信息公开制度的体系化和规范化。1966年美国颁布的《情报自由法》对世界各国产生了深远影响，行政信息公开的立法工作在世界范围内逐渐兴起。

一些国家关于行政信息公开的立法经验较为先进和丰富，尤其是以下三个方面的做法值得我们借鉴。

（一）构建协调一致的法律体系

行政信息公开的立法工作涉及国家秘密、商业秘密、个人隐私等需要给予特别保护的问题，因此难以在一部法律中涵盖所有内容，而是需要制定一套法律体系。[1] 在美国，主要有三部有关行政信息公开的法律：1966 年的《信息公开法》是私人取得政府文件的权利第一次以成文法的形式予以保护，该法要求行政机关依据职权或者依据申请向社会公开政府信息，任何公民不需要说明任何理由，享有依法获取政府信息的权利，政府拒绝提供信息必须承担举证责任。1976 年的《阳光中的政府法》规定，合议制行政机关的会议必须公开，公众可以观察会议的进程，取得会议的文件和信息。1974 年制定的《隐私权法》对行政机关搜集、利用和传播个人信息所必须遵守的规则进行了规定，以防止政府滥用权力，侵犯个人隐私。国会在制定情报自由法后又制定隐私权法，这是逻辑发展的必然结果。上述三部法律共同构成美国信息公开制度的基础，形成了最基本的信息公开法律体系。

（二）完善中央和地方立法

大部分国家制定行政信息公开相关法律都是在中央层面进行立法，因为中央统一立法具有效力等级高、适用范围广等基本特点，但也需要一定的理论和社会基础。但是，亚洲国家日本和韩国却选择了先在地方制定信息公开条例、再进行中央立法的立法思路。以韩国为例，韩国是亚洲最先实行信息公开法制化的国家，其在 1996 年通过《国家公共机关情报公开法》之前，汉城附近的清州市议会就于 1991 年制定了该国第一个地方自治情报公开条例并得以施行。韩国议会也正是在总结各地条例制定经验的基础之上，才制定出在全国范围内实施的信息公开法的。[2] 笔者认为，韩国的上述做法值得中国进行思考和学习。

---

[1]　以下关于美国信息公开立法的大致情况主要参考了王名扬先生《美国行政法》第二十一、二十二、二十三章的相关论述。

[2]　见赵正群：《情报公开法制化的世界潮流与政府上工程的意义》，载夏勇编：《公法（第二卷）》，法律出版料 2000 年版，第 341 页。

（三）发挥非政府组织的推动作用

非政府组织是某些具有特定共同利益的社会成员所组成的共同体，能够代表民众向政府提出利益诉求，其在行政信息公开立法过程中发挥了不可忽视的推动作用。美国、英国和日本均有这方面的成功案例。美国 20 世纪 50 年代初的"知情权运动"为后来国会两院通过《信息公开法》奠定了坚实的舆论基础。英国信息公开运动，不仅起草了《个人资料获得法案》《医疗报告获得法案》《环境和安全信息法案》等草案，还对信息公开立法作了大量的宣传鼓动工作。[1] 日本的妇女联合会在 20 世纪 60 年代针对食品安全问题要求政府公开相关议事记录，日本消费者联盟、妇女联合会、研究者等于 1980 年 3 月发起"要求制定信息公开法市民运动"，要求进行信息公开立法，并于 1981 年 1 月发表了《信息公开权利宣言》，提出"信息公开八原则"，要求对知情权予以保障。随后，自由人权协会也公开发表了《信息公开典型条例草案》和《信息公开法典型草案》，以支持如火如荼的市民运动。[2] 在这些非政府组织的大力推动下，日本各地陆续出台相应的信息公开条例对中央政府形成了巨大的压力，从而迫使其对市民了解公共信息的强烈诉求予以重视和满足。因此，切实保障公民结社自由、大力培育各种社会团体应当是我们从以上分析中所获得的又一重要启示。

---

[1]　宋华琳：《英国政府信息公开立法的演进以及对我国的启示》，中国新闻研究中心网，2002 年 10 月。

[2]　见吴微：《日本〈信息公开法〉的制定及其特色》，载《行政法学研究》2000 年第 3 期。

（四）建立有效的司法审查机制

有效的司法审查机制是信息公开制度改革的重要环节。仍然以亚洲邻国日本为例，在该国"先地方后中央"的信息公开立法的进程中，基于地方自治团体公文书公开条例的规定而引发的信息公开诉讼起到了决定性作用。[1] 在这期间，各级法院通过审理案件对民众要求惩治腐败的诉求予以回应，并积累了极为丰富的经验，对于普及信息公开理念、推动《行政程序法》及《信息公开法》的制定发挥了积极作用。[2] 而在美国，民众主要是以提起"情报自由法诉讼"和"反情报自由法的诉讼"的方式要求行政机关对公民的知情权或隐私权予以保护。据统计，1975—1976 年 6 月，美国州法院受理的有关情报自由的诉讼案件达 140 余起，相当于 1967—1974 年法院受理的同类案件数的总和。[3]

日本的经验更显示出信息公开诉讼对信息公开法制化的巨大推动作用。尤其是自 20 世纪 80 年代与交际费、食量费相关的信息公开诉讼为代表的新型的行政诉讼案件在日本大量兴起，对日本行政法制改革产生了深远的影响。在这期间，日本各级法院通过积极作为，回应民众关注的各类诉求，对于普及信息公开理念、推动《行政程序法》及《信息公开法》的制定发挥了积极作用。由于政府始终是信息公开立法的对象，因而公众与政府在信息公开问

---

[1]　根据日本学者的调查统计，到 2000 年 12 月 15 日为止，在地方公共团体制定的信息公开条例层面上，已经发生的信息公开诉讼案件数为 226 件，已作出的判决数为 363 项。转引自朱芒：《开放型政府的法律理念和实践——日本的信息公开制度》一文注释 4。

[2]　关于日本情报公开诉讼的产生背景及其具体展开情况，可参见赵正群：《交际费、食粮费情报公开诉讼及其意义——日本行政诉讼在 20 世纪 90 年代的新发展》，载罗豪才：《行政法论丛（第 5 卷）》，法律出版社 2002 年版。

[3]　资料引自宋小卫编译：《美国〈情报自由法〉的立法历程》，载中国公法网。

题上的对立将伴随法律的制定和实施全过程。围绕公共信息是否公开的争论是难以一言以蔽之的。

笔者认为，是否可以尝试建立一个中立的、有权威的机构，依照信息公开的基本原则和具体规定作出公正的裁决。通过对前文的观察，我们看到美日等国的实践已经充分证明了这一点。总之，法院作为独立的司法机关在解决信息公开纠纷、化解信息公开争论方面的作用不可取代，这对于我国司法改革和行政公开制度改革也具有一定的启示意义。

四、行政信息公开制度在我国的发展

（一）我国行政信息公开概况

20世纪80年代以来，形式多样的政务信息公开逐渐成为各级政府改革的重要措施，以下四种具有一定的代表性。

1. 警务公开

警务公开主要是指户政管理、刑事侦查、消防管、治安管理、监所管理、出入境管理、公安交通管理、经济犯罪侦查、公安督察、公安法制、公安边防保卫、110等警务[1]信息的公开。1999年6月，公安部专门发布《关于在全国公安机关普遍实行警务公开制度的通知》，就警务公开的主容、形式和方法、组织领导、监督检查等作出了具体规定，并要求公安部各业务部门和各级公安机关及其各警种、各部门都要按照通知的规定，结合本地区、本部门业务工作实际，制定警务公开的具体实施办法，于同年10月1日前予以

---

[1] 为了解警务公开的实际运作，笔者随机登陆了几家地方警务网，发现警务公开的内容都大同小异，无非是公安执法的法律、法规、规章等各种形式的依据，本单位、本部门的业务范围、工作职责和服务承诺，办事的程序和时限，收费的依据和标准，办事的结果，投诉方式，责任追究等。

公开。2000 年 6 月《公安部关于加强公安法制建设的决定》也对警务公开提出了明确要求。全国各地公安机关按照公安部的通知要求，逐步开展相关规章制度的制定工作。例如，汕头市公安局于 2000 年 11 月出台的《汕头市公安机关推进警务公开责任制》规定，要求各单位、部门责任人必须保证责任单位、部门在同年 12 月 15 日前达到广东省公安厅提出的该公开单位、部门100% 公开，该公开的内容 100% 公开的要求。[1]

2. 村务公开

"村务公开"的提出和推行，主要经过了三个阶段：1991 年，中共中央关于农村、农业工作的决定中首次提出村务公开。1998 年，中共中央办公厅和国务院办公厅联合发布《关于在农村普遍实行村务公开和民主管理制度的通知》，村务公开和乡、镇政务公开在全国开始了试点和推广工作。2000年底，上述两部门再次联合发布《关于在全国乡机关全面推行政务公开制度的通知》，乡、镇一级的政务公开在全国范围内全面推行。村务公开不仅得到了中央的高度关注和大力支持，同时也因其主要围绕解决人民群众普遍关心和涉及切身利益的问题受到了人民群众的拥护和欢迎。具体而言，我国村务公开制度改革发展主要有四个特点：一是村务公开的内容日益健全，形式逐渐多样，程序逐步规范。随着信息社会日益发展，村民可以利用互联网络、公众号等多种形式随时随地获取村务信息。二是依法开展村务公开。为保证村务公开依法进行，提升村务公开质量，接受人民群众的监督，各地建立了较为完善的村务信息公开监督机制，河北、广东等省的人大常委会还相继制定了《村务公开工作条例》，用立法的形式推进村务公开工作的开展。三是村务公开制度逐步建立和完善。如村务公开档案制度、民主评议制度、举报制度等，在促进广大农村地区经济发展、惩治贪污腐败现象等方面起到

---

[1] 参见《汕头市公安机关推进警务公开责任制》http://gongan.stinfo.net/fuw/jwgk.asp.

了积极作用。四是民主化日益加强。村务公开的最终目的是为了方便群众更好地行使自己的各项民主权利，参与公共事务的决策与管理，只有建立在民主基础之上的村务公开才能满足广大农民的知情权，切实地尊重和保障了农民的民主选举、民主决策、民主管理及民主监督等权利，从而得到了农民的衷心拥护。

3. 政府上网工程

1999 年 1 月 22 日，由中国电信和原国家经贸委信息中心联合 48 家部办、局信息主管部门共同倡议发起的"政府上网工程启动大会"在北京召开，揭开了中国政府上网工程的序幕。此后，上至中央国家机关和国务院有关部门，下至乡镇政府都纷纷建立了政务信息网、政府门户网、部门局域网等政府网络工程。近年来，网上信息公开日益得到各级政府的高度重视，信息数量多、更新速度快，为人民群众提供了极大的便利，法律赋予公民的知情权得到了进一步的保障。有些地方还在搞好政府上网工程的基础之上，大力推行电子政务，积极打造电子政府。网上办公逐渐成为新时期的发展趋势，很大程度上有利于节约服务成本、提升服务效率。

4. 以立法形式保障地方政府信息公开

北京市委和市政府办公厅于 1999 年联合发布《关于在北京市各级行政机关进一步推行政务公开的意见》，北京市西城区委和区政府也于 2000 年初联合发布了《关于在西城区进一步性行政务公开的意见》，对政务公开的意义、主体、内容、方式、程序等问题作了详细规定。此外，广东省的广州、汕头两市也在全国率先制定了有关政府信息公开的地方性规章，为中央制定全国统一适用的信息公开法或信息公开条例奠定了基础。[1]

---

[1] 上海第一个在全国省政府中制定政府信息公开规章，《上海市政府信息公开规定》从 2004 年 5 月 1 日起开始施行。《杭州市政府信息公开规定》则在 2004 年 10 月日起开始施行。

（二）我国行政信息公开制度改革的主要问题

虽然我国行政信息公开制度自 20 世纪 90 年代以来取得了明显成效，在提升政务信息的透明度、树立良好的政府形象、满足公民的知情权等诸多方面发挥了重要作用，但是随着社会经济高速发展，公众对获取行政信息的需求日益增加，对行政信息公开制度提出更高的要求，新形势下的新问题也难免发生。我国行政信息公开制度的改革中主要存在以下问题。

1. 改革措施分散、盲目

在最初村务公开改革期间，曾出现过各地制度创新之风盛行、盲目攀比层出不穷的现象，对村务公开的内容、原则、方式方法、公开程度等则缺乏符合实际的思考和落实。此外，不同的政府部门之间也在极力推进改革创新，争相打口号、闹噱头，实际效果并不理想，行政信息公开表现得盲目且分散，部门之间缺乏沟通交流和经验分享，原本高层出于良好的初衷制定的行政信息公开制度陷入务虚不务实的误区，不仅未取得好的效果，反而浪费了公共资源，阻碍了改革进程，甚至造成不良的社会影响。

2. 从上到下强力推进

如同我国近年来开展的诸如机构改革等其他各类改革一样，从上到下的强制推进是主要特征，主要表现方式为"高层发文、基层落实"。虽然上级部门的坚定决心和大力支持，有助于提升改革效果、加快改革速度、推进改革工作一层一层地迅速展开落实，但是这种模式也有着不容忽视的缺陷，直接表现就是改革措施流于形式，各级有关部门从上到下用文件落实文件，浮于表面，未将改革措施落到实处。越是基层部门，越是容易产生消极被动应对文件要求的情形，在表面数字下功夫，敷衍塞责，以应付上级各种形式的考核检查为目的。

因此，我国行政信息公开制度的发展还有很长的路要走，充分认识目前行政信息公开制度改革过程中存在的问题，借鉴国外先进经验，推广国内部分城市的优秀做法，都是我们接下来需要采取的应对措施。

五、我国行政信息公开制度的发展方向

围绕行政信息公开而展开的博弈将会是一个长期的过程，我国的行政信息公开制度法治化发展道路艰难而漫长。有学者提出："从把信息作为一种产权的角度来看，现代行政公开制度实际上是对公共信息的产权的一种新的制度安排。在当下中国的公共信息制度安排中，官僚拥有最大最多的产权，是现行产权结构的受益者；改革现有模式，建立现代行政公开制度，必然构成对官僚利益的一部分或相当多的剥夺，实质是对现有的公共信息产权结构的重新调整。"[1]

当然，也有不少学者针对我国行政信息公开制度改革中所存在的诸多问题提出了不少具有参考意义的应对措施。例如，行政法学者皮纯协教授、刘飞宇博士则提出了完善行政公开制度的六项对策：完善行政公开立法，实现行政公开的法制化；加强对于行政公开制度内涵的研究；逐步扩大行政公开的义务主体范围；深入研究行政公开的公开方式；扩大行政公开的范围；建立和完善行政公开制度的救济制度。[2] 我国行政学者彭向刚先生曾提出了加强行政公开制度建设的四条对策思路：坚持正确的指导思想和行政理念；加强组织领导，积极推进行政公开工作；加快立法，完善我国行政公开制度；充分重视电子化政府在行政公开过程中的革命性意义。[3]

---

[1] 石红心：《治理、信息与行政公开》，载《中外法学》2003年第1期，第67页。

[2] 皮纯协、刘飞宇：《论我国行政公开制度的现状及其走向》，载《法学杂志》2002年第1期，第8页。

[3] 彭向刚：《论我国行政公开制度建设》，载《行政与法》2002年第6期。

在我国，行政信息公开的法治化是整个行政法治的重要组成部分之一，因而必须将其置于行政法治乃至整个中国社会转型的大背景之下进行考察，对当前存在的问题进行反思和改进，在此提出以下三个方面的建议。

（一）构建通畅的诉求表达渠道

在前文我们提到，大量非政府组织和社会团体的积极推动对行政信息公开制度在国外的发展起到了很大的推动作用，如何将这一好的做法贯彻到我国的实践中是我们需要思考的问题。就目前我国而言，政府出于对自身利益的考虑对行政信息公开具有一定的排斥态度，非政府组织及社会团体的利益诉求表达机制尚不够完善，政府尚未建立通畅的利益诉求表达渠道。尤其是在中国这样一个泛行政化、泛官僚化的社会中，对于习惯于按照神秘主义方式施政的政府而言，公开公共信息无疑是一个十分"痛苦"的选择。[1] 因此，积极发展民间力量，鼓励非政府组织积极发声，给政府施加一定的压力，敦促政府推进落实行政信息公开，具有重要的现实意义。

随着我国经济社会的全面发展，大量的非政府组织也涌现出来，而且一些颇具影响力的利益群体如律师、私营企业主等已经结成了律协、工商联等相应的社会组织，并在表达和谋求本群体成员利益方面显现出强劲的势头。然而总体而言，我国非政府组织的发育尚不成熟，有些非政府组织基于某些因素的考虑甚至成为政府的发言人而非为其组织成员谋取利益，以至于社会群体内部的声音很难有效传递给政府，其本身也很难真正参与到社会公共事

---

[1] 革命导师马克思曾精辟地指出："官机构的普遍精神是秘密，是奥秘，保守这种奥秘在官僚界内部是靠等级组织，对于外界则靠那种闭关自守的公会性质，因此，公开国家的精神及国家的意图，对官僚机构而言就等于出卖它的秘密。"参见《马克思恩斯全集》第1章，人民出版社1972年版，第302页。作为一个全能统型的政府，神秘决策、秘密行动往往就是其增强自身权威的首要法宝。因此，泛官僚化的体制与神秘主义有着天生的不解之缘。

务中去。与此同时，政府部门听不到社会公众的声音，自然也就很难感受到社会的压力，行政信息公开更难得到主动的贯彻落实。

因此，尽快放松对公民结社自由的过分管制，鼓励非政府组织的设立和发展，支持非政府组织为了成员的利益勇敢发声，建立通畅的利益诉求表达机制，并有必要通过法律手段切实减少政府对非政府组织的影响和干预，切实维护公众的知情权，保障公众依法积极参与公共政策的制定和公共事务的监督。

（二）健全行政信息公开法律体系

2007年4月5日，国务院发布了《中华人民共和国政府信息公开条例》，该条例系为了保障公民、法人和其他组织依法获取政府信息，提高政府工作的透明度，建设法治政府，充分发挥政府信息对人民群众生产、生活和经济社会活动的服务作用而制定，在2019年4月3日进行了修改，自2019年5月15日起施行。该条例的制定和施行标志着我国行政信息公开逐步走上规范化、制度化的轨道，但距离信息公开法律体系的建设仍有较长的路要走。如何建立健全行政信息公开法律体系，应该从以下两个方面进行考虑：

第一，制定地方性法规或规章。如前文所言，在行政信息公开立法中坚持先地方后中央的进路有助于经验的积累和法律的最终实施。目前我国已经制定了属于行政法规的《政府信息公开条例》，但各地仍应结合自身实际，制定有关行政信息公开的地方性法规或规章。前文提到的广州、汕头等地的做法值得在全国范围内推广。

第二，做好法律法规之间的协调一致。之所以称为行政信息公开法律体系，表示必将涉及诸多行政信息公开相关的法律法规和配套法律制度，相互之间的协调一致和衔接也就显得尤为重要。例如，在现有的《政府信息公开条例》之外，制定《隐私权保护法》《新闻法》等配套的法律，对行政信息公开的主要原则和制度安排、内容、方式、程序、责任、监督及救济等作出全面的规定。最后，还应对现有的《保守国家秘密法》《档案法》《统计法》等与信息公开有关的法律进行修订。

（三）发挥司法机关的保障职能，维护公众的基本权利

事实表明，制定完备的法律制度、明确公民享有的各项权利，仅仅是行政信息公开制度得以实践的最初阶段的基本要求，至于违法行为如何纠正、违法行为对公民权利进行侵害后如何采取救济措施同样需要完善的司法保护，否则法律条款规定的公民权利难以得到真正的保障。因此，信息公开制度的贯彻落实、公民知情权的保护有赖于司法地位的进一步提升、公民维权意识逐步加强、社会舆论的大力推动，进一步打破我国传统的"强行政、弱司法"的权力配置格局，提升司法审查机制在国家政治生活中的独立作用，为我国行政信息公开法治化提供强有力的司法保障，切实维护广大人民群众的切身利益。

后　记

　　研究与分析的过程，就是一次蜕变的历程，笔者愈发感受到理论研究之艰辛以及责任之重大，如何能够既全面而又有一定针对性地阐述相关专题，成为最艰难的部分，因为要进行取舍，而这一取舍的过程又生怕留有缺憾，这样矛盾的心态一直贯穿着写作始终。

　　成稿之时，就像一次面试或者发言后的感觉，才发现还有诸多值得进一步分析与完善的地方，但也同时发现自身力有未逮，至于是否完成研究的初衷，是否有助于读者更好地理解行政法的基本问题，只能留待读者以及相关专家学者批评与指教。但笔者自知，本书绝不应止步于此，对于本书的任何不足与错漏，笔者仍将其作为一项未完成的任务，在今后的工作与研究中，进一步补足与修正。本书撰写时引用了很多专家学者的观点，也都一一注明出处，如有遗漏或不当之处，恳请各位专家学者给予谅解。

　　本文能够成书，离不开汕头大学出版社及责任编辑的辛苦工作，因此要

衷心感谢汕头大学出版社。同时也要感谢我的家人以及我的同事，在研究与
写作过程中给予我的支持、帮助与鼓励。

闪　涛

2019 年 11 月于羊城